:で培った
“瞬時に考えて伝えるテクニック”

即興型

ディベートの教科書

九州大学大学院言語文化研究院学術研究者
東京大学英語ディベート部元代表
加藤 彰

あさ出版

即興型ディベート経験者の声

ディベートは仕事で役に立ちっぱなしです。ディベートの実績があったので、新卒ながら社長室に配属され、1年目から孫正義社長と働く機会を得ました。百戦錬磨のビジネスパーソンに囲まれて仕事の結果を出すのは困難の連続でしたが、ディベートで培った、最重要論点を見抜く力やコミュニケーション能力を駆使して、投資案件のデューデリジェンス・契約交渉等でチームに貢献していくことができました。今はハーバード・ビジネス・スクールで学んでいますが、ケースディスカッションでディベート能力を最大限活かすことができています。

吉丸 一成さん（ソフトバンクグループ株式会社CEOプロジェクト室マネージャー。東京大学英語ディベート部在籍中に世界大会EFL部門優勝、アジア大会日本人記録更新等）

ディベートで身につけた論理的思考力、議論の筋を読む能力、相手の立場に立って考える能力は、まさに弁護士に必要とされる能力です。大学、大学院と7年間真剣にディベートに向き合うことができたのは非常に貴重な経験でした。

即興型ディベート経験者の声

田中 遼太郎さん（弁護士。東京大学英語ディベート部代表、法科大学院卒）

特に物事を深く考えていく力は今の仕事にも大きく役に立っています。ディベートの中では審査員を説得するために、誰から見ても明らかな表面的な主張だけでなく、なかなかふつうは考えが行きつかない「深い」主張が必要となります。例えば、「ある職種を認める」といったテーマの際に、「なぜ今お金を稼げていない人がいるのか、どうしてこの方法でお金を稼ぐことが重要なのか」まで主張できているほうが説得力があります。この「なぜ？」「どうして？」を考える過程は、現職で大いに活きています。「どうしてこの商品を皆が買うのか？」「何が業務の非効率につながっているのか？」といった形で深くまで問い続ける姿勢こそが、さまざまな経営課題に立ち向かっていく源泉になっていると感じています。

石河 敏成さん（外資系経営コンサルティング会社管理職。世界大会ＥＦＬ部門準優勝）

ディベートでさまざまな視点を考慮して結論を導くためには、ステークホルダーの要求に対して、適切に優先順位をつける必要があります。これは、現在の業務にも活きています。新しいサービスを企画する際には、事業・お客さまの体験・開発・リーガルなど、多方から要請があります。そこに適切な優先順位をつけ、最終的なプロダクトの形を決定していきます。ディベート直前の短時間の準備時間でさまざまな視点へ想像をふくらませるトレーニングができたことが、私のプロダクト判断にも活きていると思います。

岡庭 晴さん（株式会社メルカリ プロダクトマネージャー。大学時代に2年間即興型ディベートを経験）

ディベートは他者理解、共同作業の技術だと思っています。つまり、議論とは違った考えをぶつけ合いお互いを反証し合うことで、正解がわからない問題について正しい答えを見つけるための営みです。これは社会を成り立たせるための基本要素になります。

グローバル化の拡大、個人の価値観の多様化、何より明確な答えがわからなくなってきた現代社会において、議論の価値はますます高まっていると思います。

久保 健治さん（株式会社ヒストリーデザイン代表取締役、NPO法人全日本ディベート連盟専務理事、日本ディベート協会理事。人事院の国家公務員研修、大企業の幹部候補生を対象にしたディベート研修等も担当）

ディベートで培った「伝える力」と同じくらい、「聞く力」が一生ものの財産となっています。建設的な議論を行なうためには、自分の意見を的確に伝えるのみならず、相手がどのような立場や考えに基づき、何を伝えようとしているのか、時に想像力を働かせながら聞く姿勢をもつことが重要です。

国連機関に勤務していたときは、世界中から集まった、言語や文化の異なる同僚と一緒にプロジェクトを行なうため、コミュニケーションは非常に大切でした。私は常に相手の言葉に耳を澄ませ、チームメンバーがどのような考えに基づいて発言しているのかを把握したうえで、自分の意見を述べるように努めてきました。

相手の言葉をしっかりと聞き、正確に理解することは、チームメンバーからの信頼を得ることにもつながりました。

齋藤 美穂子さん（国際基督教大学、東京大学で英語ディベートを行ない、当時の世界大会の日本人記録を達成。大学院卒業後は、シンクタンク、在外公館、国連機関等に勤務）

私はプロジェクト・事業の成功確率を高めるために、普段から「脳内ディベート」を行なっています。例えば、新製品を発売するときに、最初の100万人のユーザーはどんな人だろう、その人たちにこのサービスのよさをどう伝えたらよいだろう、そのよさを伝えるためにはどのような手段があるだろうと、まず仮説を考えます。そのうえで「脳内ディベート」を通じて、あえて自分の仮説を否定する視点で自分が意識的・無意識的に考えていた前提を顧客・プロダクト・組織・ファイナンス等のさまざまな視点からあぶりだし、その1つひとつを検証していきます。こうした「脳内ディベート」は、不確実性の多いマーケティングのような仕事においても、非常に役に立っています。

竹中 野歩さん（DataStrategy株式会社取締役CMO。株式会社Bloom&Co.ディレクターとしてSlackの日本上陸のマーケティングを担当。英語・日本語、即興型・調査型等さまざまなディベートを経験）

私は40年以上、調査型ディベートの実践、指導、研究に従事してきましたが、早くから「即興型」にも着目し、研究や活動の支援をしてきました。即興型の強みは、参加者のコミュニティの世界的な広がりにあります。世界中の優秀な学生が議論を磨き楽しみ、そこで生まれた交流は一生、活かされるでしょう。また、短時間での議論の組み立て、反論、駆け引きの集中訓練を行なえるようになります。国会で想定問答集を1ページ読み飛ばしても気づかない議員や、学会や教室で完璧なプレゼンができても質疑応答になると沈黙してしまう研究者や学生は、即興型ディベートでその場に応じた議論の仕方を徹底的に練習してみるのはどうでしょうか。

井上 奈良彦さん（九州大学大学院教授。地球社会統合科学府および共創学部で議論学やディベートを教えている。日本ディベート協会理事、ディベート教育国際研究会会長）

即興型ディベート経験者の声

14年ほど前に、日本全国の高校に即興型ディベートを普及させることを目標に掲げました。最初は欧米に負けない論理的発信力を日本の若者たちに身につけさせることが目的でしたが、10年前に第1回ESD日米教員会議に参加したことをきっかけに、目的は持続可能な地球社会の構築へと変わりました。今、私が行なっている授業ディベート開発等の目的は、SDGsの達成に貢献できる若い人たちを育てることです。日本各地でそうした人材を育てることにより、アジアの他の国々に大きく引けをとっている日本のグローバル教育を推進していきたいと思っています。

北原　隆志さん（渋谷教育学園渋谷中学高等学校教諭。一般社団法人日本高校生パーラメンタリーディベート連盟理事長）

ディベートで得た、チームワーク、相手の発言に耳を傾ける力、リサーチ力、アイデアをまとめる力、人前で話すパブリック・スピーキング力は、研究および実務においても重要です。それらは、会議、ヒアリングやインタビュー、学会やプレゼンテーションなどさまざまな局面で役立っています。

ディベートでは、自分が必ずしも賛同しない立場で考え、発言することが求められます。自分にとって未知の世界、つまりコンフォート・ゾーンから抜け出さなければならないと感じたのは、自分の成長にとってとても有益なことでした。

シャーミラ・パーマナンドさん（ケンブリッジ大学大学院生。２０００年にフィリピンでディベートを開始。２０１３年の大学生世界大会、２０２０年の高校生世界大会の審査委員長）

”

ディベートは特に若者にとって、自らの〝声〟や〝想い〟を見つけるうえでとても役に立つと確信しています。特に中国においては詰め込み教育が蔓延しており、考える機会が不足しています。業界業種を問わず、リーダーとして傾聴し、重要な意思決定を行なううえで、学校教育の締めとしてディベートは位置づけられるのではないでしょうか。

“

ローク・ウィング・ファットさん（シンガポールと中国を中心にコーチを長年経験。中国のディベート教育の第一人者。２０１９年には中国の高校生代表チームを高校生世界大会優勝に導く）

”

いろいろな議題を扱う即興型ディベートの活動を通じて、ディベートがなければ読まなかった本を読み、調査し、考えるということをするようになりました。まだ自分の軸となる考えや価値観を探索している中学・高校生であればなおさら、ディベート教育の意義は大きいと思います。論理的に賛成・反対の両方から考えるということができるからです。

“

エンティン・リーさん（シンガポールの高校の教員。２０２１年大学生世界大会審査委員長）

はじめに

広い会場を見渡すと、世界中から集まった数百人規模の参加者全員が一斉にスクリーンに注目している。スクリーンに今まで見たことがない議題が発表された瞬間、登壇者の皆がいっせいにペンを走らせる。個人的な賛成・反対は関係なく、あくまで今回振り分けられた側の立場で議題に挑まなければならない。

20分という短い準備時間、インターネット等で調べることはできない。頭をフル回転させ、チームメイトとアイデアを絞り出す。準備時間はあっという間に終わる。あとは自分のプレゼン力を信じ、限られたスピーチ時間内に、論理・感情の両輪で審査員を説得するしかない――。

この「知的スポーツ」が、即興型ディベートです。

議題が出てから、一般的に数カ月かけて文献調査等を行なう調査型ディベートと対比する形で、即興型ディベートという名称がついています。与党・野党の政治家が、一般市民に対して、特定の政策に関して「通すべきか・通すべきではないか」を熱く主張する「議会」(Parliament)を模したことから、世界ではパーラメンタリー・ディベートとも呼ばれています。

幅広い教養やSDGsを筆頭とした社会課題に関する知識、スピーディーな思考力、論理と感情に訴えかけるプレゼンテーション力。即興型ディベートを通じて身につくこの3つの力を、私は総称して「ドア・オープン力」と呼んでいます。

大学での勉学はもちろん、民間企業、官公庁、NPO／NGO、国際機関、研究機関、政界、フリーランス等どのような業種であっても、またはプライベートであっても、幅広く個人の可能性の扉を広げてくれることがその由来です。

事実、世界を見てみると、即興型ディベートの経験者はさまざまな分野で活躍しており、その活躍にはディベートが活きていると口を揃えます。

こう書くと、優秀な人がディベートをしているのではないかと思われそうですが、多くの人が身近なスキルとして、ディベート経験によって「ドア・オープン力」を身につけようとしています。

ビジネスジャンルでは、いわゆる一般社員向けの研修から管理職研修まで、論理的思考力、プレゼン力を身につけるために、ダイバーシティ研修、イノベーション研修等でディベートを活用する例が増えてきています。海外では経営層向けのディベートレッスンもあります。

教育ジャンルでも、最近は、文部科学省の旗振りもあり、授業の一環として即興型ディベートを取り入れる中学校、高校が増えてきました。特に、英語教育の分野では、話す力、聞く力を高めるうえでディベートが有効だとされており、中高の英語教員向けに即興型ディベートの研修プログラムがPDA（一般社団法人パーラメンタリーディベート人財育成協会）等によっ

はじめに

て行なわれています。

また、中高生向けの即興型ディベートの全国大会／国際大会が、ＨＰＤＵ（一般社団法人日本高校生パーラメンタリーディベート連盟）等の団体により主導され始めました。

ちなみに、韓国、フィリピン、マレーシア等ではディベートがテレビ番組としても放映されています。

このように、近年、即興型ディベートは大変注目されているのです。


ディベート先進国のイギリスやオーストラリア等では、「カジュアルな趣味」としてディベートを楽しむ人たちもいます。週末に社会人が大学に足を運び、教室でディベートをし、昼休みはピザを食べ、試合が終わったあとの夜の打ち上げは近くのバーで一杯。もしくは、平日の夜に今の社会課題に関するディベートを観戦することもあるようです。

週末に軽く草野球や仲間とバンド活動をする、平日の仕事帰りに音楽鑑賞やスポーツ観戦に行くのと違いはありません。

海外のように日常的に即興型ディベートを楽しむようになったとき、日本には、〝1億総即興型ディベート〟とも言える時代が訪れるでしょう。

ただ、実はまだ即興型ディベートの体系的な入門書が限定的だというのが実情です。ディベート初心者が一歩一歩階段を上っていくような教科書が見当たりません。

そこで、そんな「即興型ディベート」のノウハウについてわかりやすく1冊にまとめたのがこの本です。

即興型ディベートは、知的興奮をたっぷりと味わえる、楽しく刺激的なメソッドであり、日常の生活にも役立つものです。

多くの小・中・高・大学生やビジネスパーソンの知的能力開発とドア・オープン力の向上に役立てれば、望外の喜びです。

九州大学大学院言語文化研究院学術研究者
東京大学英語ディベート部元代表
加藤　彰

即興型ディベートの教科書 Contents

第2講

即興型ディベートの7つのステップ　44

第3講

即興型ディベートの試合を実際に見てみよう　70

Contents

第６講

反対側１人目以降のための反論をするコツ　110

第７講

賛成側・反対側２人目のための話の深め方とアイデアを思いつくコツ　121

Contents

Part 3 審査員の役割と務め方

Contents

Part 4 「ディベート力」を鍛える練習方法

Contents

本書の対象・構成・特長・読み方

対象

本書は、全体的には体系だった辞書のような入門書を目指しており、具体的には次のような方々を対象にしています。

●〝総合格闘技〟としてのディベートを通じてスキルアップしたい人

（具体的には、即興で考える。話す。相手に何かを伝える。意思決定を行なう。言語力を高める。グローバルの知識を増やす等）

●ビジネス研修の一環にディベートのエッセンスを取り入れたい人

（すでに、コンサルティング会社、製薬系会社、通信系会社、官公庁等でディベートのエッセンスを活用した研修等は行なわれています。ロジカルシンキング、プレゼンテーション、イノベーション、ディスカッション、グローバル人材育成、ＳＤＧｓ研修等）

●授業の一環でディベートを取り入れたい人

（大学の法学系、政治学系のゼミ、小学校から社会人まで含めて、レベルを問わず言語教育でも活用されている）

●スポーツ（＝競技ディベート）としてのディベート活動を行ないたい人、コーチ、教育者（小中高生〜社会人等問わない。1年目、2年目に向けて特に有効）

構成

Part1ではまず、即興型ディベートとはそもそも何か、また、その魅力と、よくある誤解について述べていきます。イメージがわくよう、実際のディベートを紹介しながら、試合の流れ、最低限行なうべきことをご紹介します。

Part2では、賛成側・反対側の「立論」のコツとポイントを、詳しく説明します。

Part3では、審査員の役割と務め方を、ステップごとに説明します。特に授業や研修等で教える立場にある人や、より意思決定能力等を高めたい人向けのやや高度な内容となっています。

Ｐａｒｔ4では、ディベート外でも有益な、ディベート力向上のためのスキルアップの方法や、練習方法をご紹介します。

特長

本書では、①「最先端のグローバルの先人の知恵」を多く組み込みました。最新の世界大会の優勝者やそのコーチに加え、日本や世界で長年ディベート教育に携わっていた人々（海外30名、国内20名ほど）の理論、教え方、練習方法などをふんだんに取り入れています。

また、②私がディベートを上達させるにあたって突き当たった壁や、多くの人がつまずいた部分を意識しながら、私の研究（教育のナレッジ）を可能な限り「体系化」「言語化」して執筆しました。

東京大学英語ディベート部で私は、僭越《せんえつ》ながら全国大会優勝をし、アジア大会で日本人記録を樹立しました。そこに至るまでの秘策や、東大での部長時代の経験、〝加藤ゼミ〟でコーチすることで多くの学生を国内・国際大会で表彰に導いた体験、九州大学での学術研究者としての研究結果等のすべてを詰め込んでいます。ぜひ、効果的に活かしてください。

読み方

本書は、即興型ディベートの基礎的な知識だけでなく、上級者向けの内容にも言及しています。そのため、読んで学んだ内容を、一度にすべて実践することはむずかしいかもしれません。数カ月に1回など、自分のディベートのレベルが上がったと思ったタイミングや、何かわからないことがあったときに読み返していただけたらと思います。

「入門書」として目的に応じて、関心がある部分から読んでもかまいません。

私が跡見学園女子大学で講義を行なう際は、まず「社会人基礎力」の向上のため、Part1、Part2の途中（具体的には、第7講の賛成側・反対側2人目のための話の深め方とアイデアを思いつくコツ）までを説明し、次にPart4の一部（知識習得のためのリサーチの仕方、読書方法等）をかいつまんで紹介しています。

Part 1

即興型ディベートのルールと流れ

Index...

Parliamentary Debate Textbook

1st Lecture

第1講

即興型ディベートって何？

(Point)

▼誰もがディベートを経験したことがある。
▼ディベートで、知識、思考力、プレゼンテーション力が身につく。
▼ディベートは世界中で行なわれている〝スポーツ〟である。

実は、あなたも何回も「ディベート」をしている

「実は、誰もがディベート経験者なんです」と言うと、たいていの人はきょとんとします。

でも、あなたにはこんな経験はないでしょうか。

- 家族や友人に、「今日の晩ご飯を何にしようか?」と言われた。
- 親しい友人と、「今日は何をして遊ぼうか?」と考えた。
- 気になっている誰かに対して「告白するべきか否か?」と悩んだ。

第1講
即興型ディベートって何？

- 中高生や大学生のときに、「どの部活に入ろうか？」と迷った。
- 受験、資格勉強の際に「今日は勉強をすべきか？　それともぱーっとオフにしようか？」と朝起きて自問自答した。
- 就職活動の際に、「自分はどの業界・会社に行きたいんだろう？」と友人や先生、先輩に相談した。
- 転職やステップアップ等、突然やってきたチャンスを「チャレンジしたほうがいいか、それとも……」と周りの人に意見を聞いてみた。
- 仕事の企画等でA案とB案が対立したり、そもそもA案をやるべきか否か、チームや部署内で議論になった。

これらはみんな、かしこまったディベートの形式こそとっていませんが、実はディベートと言えるのです。2つのものをわかりやすく比較していなかったり、比較した場合も「両方！」という答えに行きついたり、賛成側・反対側の人数が均等ではなかったり、審査員という形で第三者が「こっちだ」と決めてくれる局面ではありません。

しかし、何かしらの「お題」に対して自分と相手の立場が分かれ、「自分の意見を言う・相手の意見にツッコミや反論を入れる」というやりとりが生まれることは、ディベートと変わりがありません。そういうことを日常的に経験している意味で、あなたも立派な「ディベーター」なのです。

即興型ディベートによってどんな力が身につくか

身につく力は、「はじめに」で述べた通り3つあります。

①さまざまな社会課題に関する知識
②スピーディーな思考力
③論理的・感情的なわかりやすさを意識したプレゼンテーション力

順番に説明していきましょう。

❶さまざまな社会課題に関する知識

即興型ディベートは、議題が毎回変わります。例えば2日間の全国大会だと、最大8つの議題を扱います。

「友達と夏に遊びに行くなら海より山」「小学生にとっては給食がいいかお弁当がいいか」「恋愛なら遠距離恋愛と近距離恋愛のどちらがいいか」のような身近な議題に加え、「投票の義務化」のような政治、「国連の安保理の拒否権廃止」のような国際関係、「企業の役員の女性枠の是非」のような女性の人権・倫理問題等、いろいろです。

第1講

即興型ディベートって何？

即興型ディベートで取り扱う議題は多岐にわたり、多くのテーマに関して理解を得るチャンス

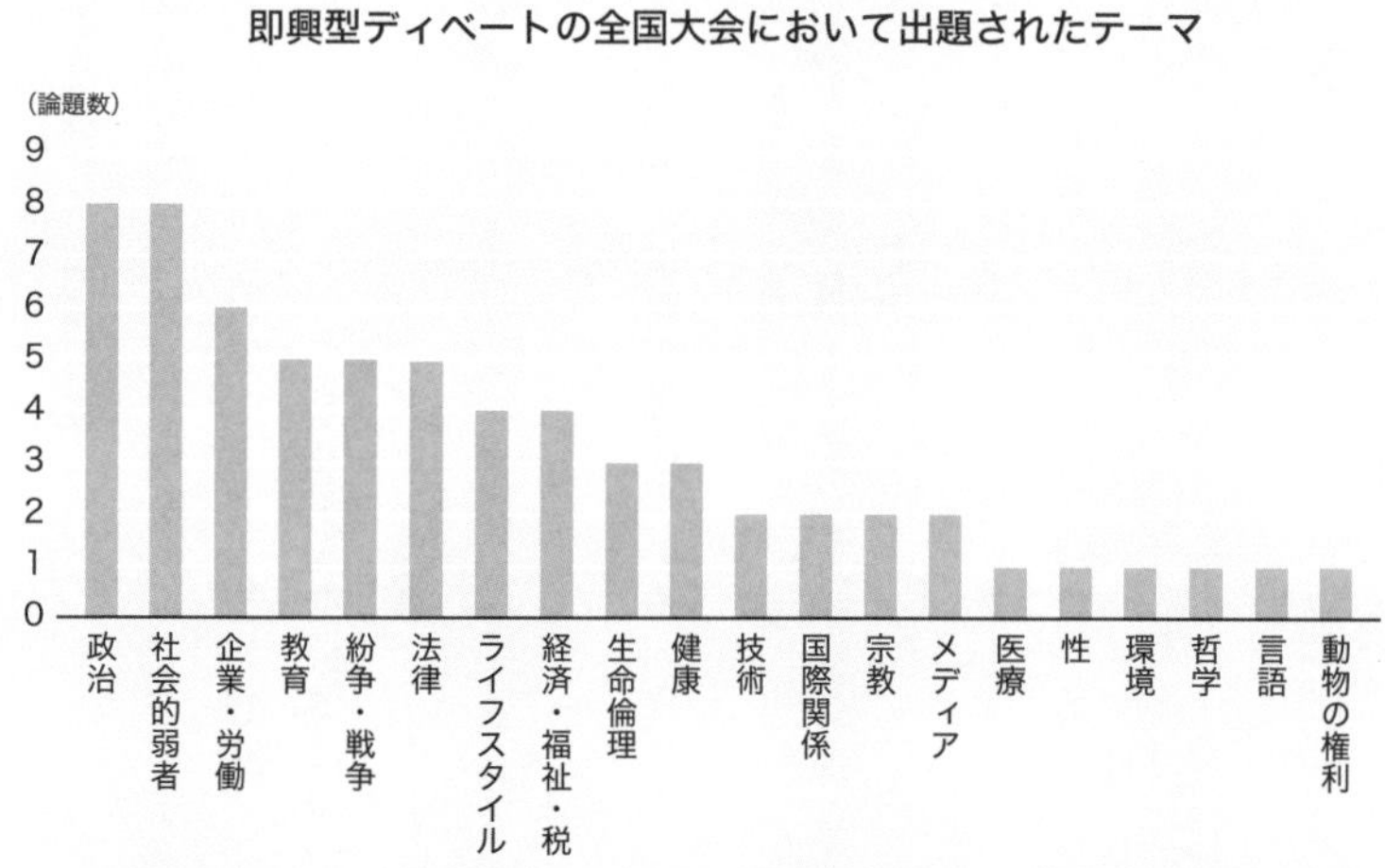

●全国大会は大学１年生を対象とした「梅子杯」（最も歴史があり東日本で開催）と「紅葉杯」（最も参加者数が多く西日本で開催）とした
●対象は過去３年間（2015～2017年）のすべての議題とし、テーマの複数選択を可能とした

出所：東京大学英語ディベート部の議題集より、著者が集計・分析

海外では、国際平和、ジェンダー、世界保健、水問題等、さまざまなテーマに特化したディベート大会も多く存在します。

議題発表後は、インターネットの使用は禁止されているため、事前に多くの知識を知っておくことが必要です。

私の分析結果では、即興型ディベートを通じて、女性、ＬＧＢＴＱＩＡ、障がい者、宗教的マイノリティ、シングルペアレント、貧困層のような世界のあらゆる人たちへの理解や知識が身についたという声が上位にランクインしています。

❷スピーディーな思考力

議題が発表されてからスピーチが開始されるまでは、20分しかありません。その間に議論を組み立てるためには、相当なスピードが必要になります。

ロジカルシンキング、つまり主張を根拠に基づいて考える力も必須です。

また、いわゆる「トップダウン思考」「ボトムアップ思考」に加え、「相手が何を言ってくるか？」を意識した「ホリゾンタル思考」（224ページ参照）も武器にすることが不可欠になります。

その結果、賛成・反対の両面やいろいろな人の立場になって考えることになります。

❸論理的・感情的なわかりやすさを意識したプレゼンテーション力

即興型ディベートは議会を模しているので、「政治家」である選手が、「一般市民」である審査員を説得できたほうが勝利となります。

一般市民を説得する必要があるので、まくしたてたり、論破を目指してただイチャモンやケチをつけるような選手は負け、論理的なわかりやすさに加え、感情にも訴えかける選手が勝利します。

なお、即興型ディベートの世界大会中には「パブリック・スピーキング」のコンテストも同時開催されることがあります。

第１講
即興型ディベートって何？

オックスフォードのディベート部、シンガポールの世界大会代表の高校生チームなどはパブリック・スピーキングのコーチによって指導されています。

これら3つの力は社会のあらゆる局面で重要になります。

スピーディーな思考力は、あらゆる場面で必要になります。会議等のスピード感が求められる局面では、必須の力と言えるでしょう。

ディベートの経験がある、とある若手官僚は、「国際会議で、しどろもどろになりそうな局面で、海外官僚相手にもスピーディーに対応できたのはディベートのおかげです」と話しています。

また、即興型ディベートを大学時代に行ない、DataStrategy株式会社の取締役ＣＭＯを務め、株式会社Bloom＆Co.ディレクターとしてＩＴツールであるSlackの日本上陸をリードした竹中野歩氏は、マーケティングの仕事の際にも「脳内ディベート」を行なうことで、意思決定の質と速度を高めていると言います。

プレゼンテーション力も同じように重要です。

企業等の会議で自分の思い入れのあるアイデアや提案を通そうとするときは、実はディベートが行なわれているのです。

就職活動での自己PRや面接も、「御社は私を採用すべきか否か」という議題のディベートです。

ディベート経験者は、ディベートを通して叩き込まれたプレゼンテーションの方法「AREA」（53ページ参照）をさまざまな局面で意識できるため、説得力をもって話せるようになるのです。

管理職の人にとっても、短い時間でわかりやすくチームの皆とコミュニケーションするうえで、ディベートが役に立ちます。

大学や企業の研究職関係の方々と話をしていると、「日本人はいいアイデアをもっているが、それをうまく伝えきれておらずもったいない。プレゼンテーション力が足りない」とよく耳にします。

国内で長らく即興型ディベートの大学生の世界大会において日本記録を保持し続けた中川智皓氏は、現在研究者の道を歩んでいますが、論文や学会発表はディベートの応用だと言っています。ディベートで培ったプレゼンテーション力を活かすことができているのです。

また、どのような立場の人にとっても、社会課題に関する知識は大切です。ちょっとした会話の際に時事問題にふれることは多々あります。

特に、国内や国外のビジネスパーソンと話す際には、社会問題に関する話題は、ある種〝共通言語〟となるので、自信をもってコミュニケーションをとるためにも、一定以上の知識の

ディベートを通じて身につく能力

普段から〝アンテナ〟を立てて学んで……

知識

世界のさまざまなテーマについて学ぶ（SDGs含む）

短い時間で仲間と考えて……

思考力

さまざまな立場の人の気持ちに寄り添い、賛成・反対の両方からバランスよく考える

日本や世界中の人の心を動かす！

プレゼン力

「論理」と「感情」の両輪で〝わかりやすく〟伝える

「量」は不可欠と言えるでしょう。また、近年はＳＤＧｓに関する知識が教育、企業活動で不可欠になってきていることも見逃せません。

知的スポーツとしてのディベート

ディベートは、21世紀の知的スポーツでもあります。

次の３つが、その理由です。

❶オリンピックやワールドカップのように「世界大会」がある

即興型ディベートには、高校生、大学生それぞれの世界大会があります。大学生の世界大会は毎年、年末年始にかけて行なわれますが、まさにオリンピックのように、さまざまな国で行なわれています。

近年だけでも、トルコ、ボツワナ、ドイツ、インド、マレーシア、オランダ、南アフリカ共和国、メキシコ等で行なわれ、２０２０年はタイで行なわれました。１０００人以上の参加者が集まることから「文系の学生中心のイベントでは世界最大規模」と言われています。

大学生向けの世界大会では、ハーバード大学、オックスフォード大学、シドニー大学などが古くからの強豪ですが、近年ではマレーシア、シンガポール、イスラエルの大学も大活躍しています。

高校生向けの世界大会では、2018年はインドと中国、2019年はインドとカナダ、2020年はスリランカとカナダが決勝戦に駒を進めています。決勝トーナメントになると、各国が国旗を掲げて戦います。参加者が熱くなるその様子は、野球やサッカー等の試合と変わりがありません。

②国内の中高生や大学生が部活として青春を捧げている

日本国内でも、中高生がその3年間から6年間、大学になると学部から院の4年間から6年間、部活としてディベートを行なっています。多いところでは、週に3回、毎回4時間ほど練習します。東京大学では「朝練」もありました。

他校との練習試合も、全国大会も、国際大会もあります。

大学の4年間、打ち込んできた最後の「引退試合」となる全国大会の決勝トーナメント進出を目指してきたチームは、自分の大学名が呼ばれた瞬間に、大きくガッツポーズをし、チームメイトと強く抱き合います。

一方、残念ながら大学名が呼ばれなかったチームはうなだれ、涙する人もいます。その大学の先輩やコーチが駆け寄り、肩を叩きます。

このように、ディベート部も他の部活と同じように、1人ひとりにドラマがあり、青春を捧げています。

③ルールがあり、勝敗がつく

ディベートは、他のスポーツと同様に、勝ち負けがつきます。必ずどの試合も審査員がいて、最低でも1人、大きな大会になると主審1人と副審2人がつきます。決勝戦にもなると、10人近くの審査員が試合を見守ります。

試合そのもののイメージは、サッカーや野球ではなく、フィギュアスケートに近いかもしれません。「芸術点」のように、その人のスピーチの説得力を評価するからです。人によっては、裁判に近いイメージをもつ人もいます。賛成側・反対側に分かれて議論をし、そのうえで判決を下す（勝敗を決める）からです。

審査員の評価基準は大きく、〝Matter〟（何を言うか）、〝Manner〟（どう言うか）の2つです。

スティーブ・ジョブズの有名なスピーチや、環境保護活動家のグレタ・トゥーンベリさんの演説に心を動かされた人は多いと思いますが、論理的に正しいかだけではなく、人の感情をどれだけ動かすことができたかも、評価の対象になるのです。

公平に賛成側、反対側の意見を聞きながらも、論理と感情の両方で、より心を動かされたほうに勝ち負けを下すのが審査員の役割です。

よくあるディベートへの誤解

ディベートと言うと、「論破するための口喧嘩のようで怖そう……」という人がいます。ディベートをする人のことを、理詰めでまくしたて、相手の矛盾を執拗に突いてでも勝つことで快感を得るような人たちのようにイメージしているのかもしれません。

しかし、ディベートの目的は、論破ではありません。「第三者」を論理的かつ感情的に、説得、魅了することです。

論破は、相手を言い負かすことだけが目的です。そこからは何も生まれません。得られるのは、ちょっとした快感と相手の反発だけです。

自分の考えを押し通すために相手を言い負かそうとばかりしている人に、好感をもつ人はいません。でもディベートは、感情にも訴えかけて賛同を得るメソッドです。「相手を言い負かそう」とするだけでは勝てないのです。

ぜひ、一度ディベートの動画を観てください。論破が目的ではなく、ＴＥＤトークのように、第三者の感情に訴えかけているものが多いことがわかるはずです。

ディベートには、「反論」という用語もあります。

反論という言葉を聞くと、少しきつい印象があります。

でも、実は日常生活で、あなたは「反論」をたくさんしています。

最初にあげた、晩ご飯を何にするか、何をして遊ぶか、告白すべきかどうか……のような日常会話で、知らず知らずのうちに「ハンバーグは確かに美味しいけど、今日は昼もお肉だったから夜は魚がいいな」と言っているかもしれません。これも、「反論」です。

また、「なんでやねん！」「いや、それ〇〇やないか」という「ツッコミ」も反論と言えます。

私は「反論」は、究極的には「ツッコミ」だと思っています。


「反論」は、あなたのために必要なものでもあります。

誰かと話していて「あ、その視点はなかった」「話している間に考えが深まった」というようなことがあるでしょう。

例えば、ビジネスでも「壁打ち」という言葉があります。自分の考えを人に話し、誰かに反応をしてもらい、それをもとにまた何か考えたり、話したりしていく行為のことです。

あらゆる成果を出しているソフトバンクの孫正義社長は、自分の〝脳力〟だけで勝負するのではなく、常に他の人の力を借りながらあらゆる事業や夢を実現してきたと言います。孫社長が新しいビジネスを考える際には社内や社外の専門家が代わる代わる訪れるのですが、孫社長が「これってどうかなあ」「こういう考えもあるよね」と打ったことに対して、周りが必死に食らいついて打ち返し、アイデアが深まっていったようです。

孫社長の側近いわく、「壁打ちをしながら、話したことをホワイトボードに書き出していったら、それだけで1つの事業プランやキャンペーンの企画がまとまってしまうこともありました」とのこと。この行為は、まさにディベートそのものです。

ディベートはあくまで「スポーツ」「ゲーム」です。ディベートでは、1人ひとりのスピーチが終わったあとに必ず敵味方関係なしに拍手が送られ、試合が終わったあとはスポーツのユニフォーム交換のように固く握手をします。あくまで「ロールプレイ」なのです。

このゲームに習熟して、ディベート力を高めれば高めるほど、ディスカッション力も高まります。

ディベートをしていると、反論も含めてどういうことを相手に言われそうか、瞬時に深く考え反応できるようになるのです。

「ディベートはエリートのスポーツなんじゃないか？」と言われることがありますが、これも誤解です。もちろん、いわゆる「エリート」の人にとっても有益なツールであることは否定しませんが、日本や世界がディベートを教育に取り入れている潮流から見えるのは、「ディベートは皆のためにある」ということです。

私はいろいろな人にディベートを教えてきたのですが、中でも印象的だったのは、「人前で話すのが怖い」という悩みを抱えていた人が参加してくれたことです。このような例は何人もいるのですが、ここではAさん（女性・大学生）の例をあげます。

Aさんはそれまで、誰かに意見を聞かれてもただ黙ってしまったり、小さな声を振り絞って、「あ……、それでいいと思います」と、そのときの流れに身を任せてしまうタイプでした。社会人になる前にそういう性格をどうにかしたいと思って、ディベートの集中講義に参加してくれました。

まず私がAさんに伝えたのは、「思ったことは言っていいんだよ」ということです。Aさんは、「正解」や「空気」を過度に気にしているように思ったからです。

そのうえで、ディベートのテーマに沿ってAさんの意見を聞いてみると、筋がいいのです。きらりと光る話や、思いつかない意見も出てきます。そのことを伝えると、「こういうのでいいんだ！」と、少し自信をもてたようです。これが、Aさんのディベートのスタートでした。

そのあと、立ってそれらの話をしてみようというステージになりました。

「多くの人が自分の話を聞いている。こんな話をしていいのか……？」という不安で、やはりAさんには「怖い」という感情が出てきました。1分ほど、やっと話しましたが、終わったあと、Aさんはとても疲れていました。

しかし、何度も繰り返しているうちに、徐々に話せるようになっていきました。3日間の集中講義が終わったあと、「少しだけ自分の殻を破れた気がします」と笑顔で話してくれたことが印象的で、今でも鮮明に覚えています。

このことをきっかけに、私は、話すことが苦手な人にこそディベートをしてほしいと思うようになりました。

ディベートは、「空気」に支配されないためのコミュニケーションです。

自分が言いたいことをしっかり言うことは、多くの人にとって価値のあることなのです。

Parliamentary Debate Textbook

2nd Lecture

第2講

即興型ディベートの7つのステップ

（Point）

▼事前にルールをしっかり決める。
▼準備時間にすべての知識と意見を出し合う。
▼全員が「AREA」と「サインポスト」を押さえる。

ディベートは7つのステップで行なう

では、即興型ディベートのルールと流れについて、具体的に説明していきましょう。

即興型ディベートは、前述の通り議会を模しており、政治家が一般大衆を説得することがモデルになっています。

与党（賛成側）と野党（反対側）に分かれ、約20分の準備時間のあと、多様な議題に関して交互に議論します。スピーチ時間は1人目と2人目は1人3〜7分で、3人目は1人2〜4分です。

第2講
即興型ディベートの7つのステップ

議題は身近なものから普段考えないようなことまで幅広く、比較的身近なものを議題にした例では、「給食とお弁当のどちらがいい？」「遠距離恋愛と近距離恋愛のどちらがいい？」「コンビニの深夜営業をなくすべき？」「令和の時代に年賀状は送るべきではない？」等があります。また、いわゆるスポーツ（部活、大会等）としてのディベートや教育ディベートでは、「社会問題」と言われるような政治・法・経済・倫理・国際関係・ジェンダー・宗教等の多様なテーマを扱います。具体的には、投票の義務化、死刑廃止、タバコ廃止、ベーシックインカム導入、ＡＩの開発禁止、企業の役員の女性枠の導入、不老不死になれる技術の是非等です。

ディベートの流れは、次の通りです。

- STEP1　賛成側・反対側・審査員に分かれる
- STEP2　ルールを決める
- STEP3　審査員が議題を発表する
- STEP4　チームごとに作戦会議を行なう
- STEP5　賛成側、反対側が交互にスピーチを行なう（いろいろなスタイルがありますが、本書では初心者向けの3対3のディベートとします）
- STEP6　お互いの健闘を称え、試合を振り返る
- STEP7　審査員が討議、勝敗を決定してフィードバックを行なう

では、それぞれのステップについて、細かく説明していきましょう。

STEP1 賛成側・反対側・審査員に分かれる

まず、賛成側・反対側・審査員の3つに分かれます。人数が少なければ、審査員はいなくても大丈夫です（いるほうが、客観的にコメントをくれるので望ましいですが）。

賛成側・反対側はできれば3人が望ましいところですが、1～2人でもかまいません。人数が余ってしまった場合は、作戦会議の時間は議論に参加しつつ、話す人は最大3人という形にしましょう。

なお、チームの分け方ですが、全員が初心者の場合は、特に割り振りを考える必要はありません。経験者がいる場合は、接戦にするほうが盛り上がるという趣旨から、できるだけ別のチームにしましょう。言語力に差がある場合も同様です（日本の大会の一部では、経験年数に応じて準備時間やスピーチ時間を短くするというような形で対応することもあります。囲碁や将棋のハンデのつけ方に似ています）。

賛成側・反対側の決め方ですが、じゃんけん、もしくは、くじで決めるのがいいでしょう。あえて自分が賛成・反対を「選べない」というのもディベートの醍醐味です。

第2講
即興型ディベートの7つのステップ

Part 1

試合の流れと時間の目安

STEP 1
賛成側・反対側・審査員に分かれる

STEP 2
ルールを決める

STEP 3
審査員が課題を発表する

STEP 4
チームごとに作戦会議を行なう
（準備時間は議題発表後20分）

STEP 5
賛成側、反対側が交互にスピ―チを行なう

①賛成側1人目3～7分 → ②反対側1人目3～7分
③賛成側2人目3～7分 → ④反対側2人目3～7分
⑥賛成側3人目2～4分 ← ⑤反対側3人目2～4分

※公平性の観点から反対側が言い逃げができないよう、3人目は反対側が先にスピーチします。

STEP 6
お互いの健闘を称え、試合を振り返る

STEP 7
審査員が討議、勝敗を決定してフィードバックを行なう

個人で検討5～15分、審査員間で検討10分、
選手へのフィードバック5～15分、計20～40分程度

STEP2　ルールを決める

次に、参加者の目的に応じてルールを決めてください。

必ず決めていただきたいのは、議題発表から1人目のスピーチをするまでの「準備時間」と、各スピーチの時間です。

初心者の場合、準備時間は20分、スピーチは1スピーチ3分前後をおすすめします。

人数が足りなければ、1人が何回かしゃべってもいいでしょう。上級者は、1スピーチ7分でもいいと思います。

STEP3　審査員が議題を発表する

次に、議題の発表です。

議題は、審査員の人が発表します。発表した直後からストップウォッチで時間をはかります。

議題の選び方ですが、目的と参加者のディベート経験に大きく左右されるため、特にこれがよい、悪いというのはありません。

まずは身近なテーマでディベートされたいという場合、次のような議題はいかがでしょうか。

- しずかちゃんはのび太君と出木杉君のどちらと結婚すべきか？（賛成側はのび太君、反対側は出木杉君）
- 桃太郎って正義の味方？（賛成側は正義の味方だ、反対側は正義の味方ではない）
- ドラマやアニメの1シーズンの長さは3カ月ではなく6カ月のほうがいい（賛成側は6カ月派、反対側は3カ月派）
- 1回でもドラッグを使用した芸能人は永久追放されるべきである（賛成側は永久追放されるべきだ、反対側は永久追放されるべきではない）
- 遊びに行くなら、遊園地と水族館のどちらがいいか？（賛成側は遊園地、反対側は水族館）

この他、「身近／日常／恋愛」「学校／教育」「社会人」「企業」「SF／哲学」「社会課題／SDGs（国内）」「社会課題／SDGs（グローバル）」のテーマごとに、254ページ以降に議題例をまとめていますので、参照してください。

全員が共通のバックグラウンドがある場合は、それに関連するテーマは盛り上がります。法学部出身の人が多ければ法律に関するものなどです。また、審査員のバックグラウンドを優先したテーマも解説が1つの楽しみになります。

議題を出すときは、配慮として可能な限り「どうしても話したくないテーマ」がないか参加者に確認するようにしましょう。

例えば、人によってはつらい過去を思い出すようなテーマ（特に死、ハラスメント、いじめ等に関連するもの）があるからです。ただ、これらはケースバイケースなので、議題が出たタイミングで「この議題はやりたくない」という拒否権を全員がもつというのがいいでしょう。

大会では、多くの参加者が不快感をもたないように配慮しつつ、数回試合を棄権しながら参加できる制度が導入されています。

STEP4　チームごとに作戦会議を行なう

議題が発表されたら、そのあとは準備時間、チームごとの作戦会議の時間となります。作戦会議の方法も十人十色ですが、次の5つは必ず行ないましょう。

- 自分たちの「立論（アイデア）」を考える（チームとして2、3個あるといい）
- 自分たちの「立論（アイデア）」を深める
- 相手が言ってきそうな話を考える
- 相手が言ってきそうな話に対して、どのように反論するか、また最終的にどのように上回るか考える

そのうえで、1人目が何を話すかをチーム全員で考える

ここで重要なのは、賛成側も反対側も、1人目が何を言うかということに全力を注ぐことです。

1人目は、立論（アイデア）を1、2個出すことが推奨されています。

ディベートはチームワークなので、「自分が言いたいことがある」というように出し惜しみするのではなく、ぜひ協力してください。

作戦会議の時間は、5分・10分・5分に分けることを推奨しています。

時間配分は、次の通りです。

最初の5分：各自で考える

次の10分：チーム内で意見交換して何を言うか決める

最後の5分：再び各自で考えて、スピーチの準備をする

時間の使い方に関してはさまざまなテクニックがありますが、詳しくは後述します。

おすすめなのは、「この議題は誰にとって何がいいのか？　悪いのか？」について検討し、影響され得る人たち（ステークホルダー）を洗い出すことです。

例えば、教育に関する議題だと、先生、生徒は必ず何かしら影響を受けます。保護者や校長も影響を受けるでしょう。そのため、「生徒にとっていい・悪い」「先生にとっていい・悪い」「保護者にとっていい・悪い」「校長にとっていい・悪い」などのような話が出るといいと思います。

影響され得る人たちをさらに広げることで、「企業にとっていい・悪い」「経済にとっていい・悪い」「社会にとっていい・悪い」「環境にとっていい・悪い」という話も出てくるかもしれません。

例えばコンビニの24時間営業廃止の議題に関しては、利用者(顧客)、従業員の視点に加えて、企業や環境という視点(24時間運営しないことによるエネルギー削減等)も考えられるでしょう。

準備時間は、即興型ディベートにおいて、とても重要な時間です。

チームのメンバーとすべての知識と意見を出し合い、勝つためのスピーチの準備を有意義に行ないましょう。

STEP5　賛成側、反対側が交互にスピーチを行なう

主張・理由・例・主張を明確にする

さて、いよいよスピーチです。

賛成側・反対側の双方に押さえておいてほしいことがあります。

「AREA」という「型」です。

「AREA」とは、Assertion、Reasoning、Example、Assertion の頭文字で、①主張〈結論〉、②理由、③例、④主張という、サンドウィッチ形式の型です（ちなみに、人によってはOREOと呼ぶこともあるようです。この場合のOはOpinion〈意見〉）。

タバコを廃止するという議題で具体的に見てみましょう。

- 主張（Assertion）：タバコは喫煙者の健康に悪いので禁止すべきである。
- 理由（Reasoning）：タバコには有害物質が含まれているし、中毒性もあるため継続的に健康リスクが高まる。
- 例（Example）：肺がん、脳卒中や心筋梗塞を引き起こすこともある。
- 主張（Assertion）：なので健康に悪いタバコは禁止すべきである。

この型の利点は、大きく2つあります。

第1に「結論ファースト」が徹底されていること。「この人は何を言いたいのだろう？」という疑問が出ると、相手の話が耳に入ってこないことがあります。しかし、この型では、最初に結論を伝えるため、「なるほど、言いたいことはわかった。では、何でそう言えるんだろう？」というふうに聞き手は考えてくれます。

第2に、その結論に対する理由・例を「強制」できることです。

私は、世界の共通言語は英語ではなく、理由づけ（Reasoning）だと思っています。さらに、例（Example）があることにより、抽象論にとどまらず、具体例まで踏み込めて、聞き手が想像しやすくなります。

ディベートの「立論」「反論」「まとめ」の、どのような局面でもＡＲＥＡで話すことが重要になるので、必ず覚えておきましょう。

なお、どうしてもＲ（理由）が思いつかない、もしくはＥ（例）が思いつかなくて、「歯抜け状態」になってしまうということがよくあります。あくまでＡＲＥＡは型なので、毎回すべてなくてもいいのですが、最初はできるだけＡＲＥＡを網羅するように頑張ってみてください。

また、Ｒ（理由）とＥ（例）の違いがむずかしいという声もよく聞きます。そのときは、Ｒ（理由）は抽象化したもの、Ｅ（例）は具体的なものと考えましょう。

サインポストを全員に、明確に伝える

サインポストとは、和訳すると「標識」です。

スピーチに関連するすべての人（賛成側のチーム、反対側のチーム、審査員、観客）が「迷子」にならないように、まずスピーチでどのような話を行なうのかを、最初に伝えることを言います。

「AREA」の型で考える！

Assertion 主張
【私は、……だと思います】
自分が言いたいことを一言で言うと何？

Reasoning 理由づけ
【なぜなら……】
それって何で？

Example 具体例
【例えば……】
例えば？　具体的には？
何か、過去にあったことは？ 実体験は？ 似たような例は？

Assertion 主張
【なので……】
もう1回、自分が言いたいことを一言で言うと何？

例えば、賛成側1人目であれば、「私たちは、タバコを廃止することに賛成です。そのために、大きく3つの話をしたいと思います。第1に、喫煙者に対する健康被害が大きいこと、第2に受動喫煙者に対する健康被害が大きいこと、第3に、財政に与える影響が大きいことがあげられます」のように、最初に「サインポスト」するのです。

また、反対側1人目から反対側2人目までは、「最初に反論をして、そのあと、○つ話したいと思います。第1に〜、第2に〜」のような形になります。

賛成側・反対側の3人目は「大きく○つの論点に関して話したいと思います。第1に〜、第2に〜」のような形です。

少し慣れてきたら、「これで1つ目の話が終わりましたので、2つ目の〜の話に移りたいと思います」などのように、リアルタイムで話の展開を案内できれば、より素晴らしいです。

なお、話す内容のすべてを「サインポスト」する必要はありません。例えば、「AREA」に関しても、「理由を説明します」「例を1つお伝えします」のように言ってもいいのですが、最初に大きなポイントだけ押さえれば十分です。

賛成側1人目が行なうこと

賛成側1人目に行なっていただきたいことは、大きく3つあります。

第1に、話す内容の全体像を「サインポスト」してください。この場合に有効なのが、「ナンバリング」です。

海外の初等教育では「とりあえず理由は3つあげろ」、コンサルティング会社でも「3つ根拠を述べよ」と求められることがありますが、理由が多いと聞き手が迷子になってしまうこともあるので、「1つ目は」「2つ目は」と言って立論に数字を振るようにします。これが「ナンバリング」です。

例えば、「私はタバコを廃止する理由が3つあると考えています。第1に、喫煙者に対する健康被害が大きいこと、第2に受動喫煙者に対する健康被害が大きいこと、第3に、財政に与える影響が大きいことがあげられます」という形です。

話す内容は1人目と2人目で分けることが一般的です。そのため、1人目は「3つの議論があるのですが、最初の2つは私が、3つ目は2人目の○○さんからお話しします」のように伝えてもいいでしょう。

議論が2つしかない場合は1つと1つに分けてもいいですし、どうしても1つしか思いつかなかった場合は「2人目の○○さんが議論をより深めます」「反論します」のようにお話しする形でもかまいません。

第2に、必要に応じて議題の定義を行なってください。

例えば「小学生にとって、給食よりもお弁当のほうがいい」というような議題では、あまり定義の余地はないようにも見えます。

一方で「コンビニの24時間営業を廃止すべきだ」というような議題では、「どの国、どの地域で」（例えば、「日本のコンビニ」）と定義できます。

スポーツとしてのディベートの場合は、スポーツの精神に則って、「不公平ではない定義」であればどんな定義でも問題ありません。

ただ、これは最初に「必要に応じて」と書かせていただいた通り、基本的には気にしなくても大丈夫です。

第3に、具体的なアイデアをAREAの型に沿って話してみてください。

ここで目指していただきたいのは、AREAの型で話すことです。前述した通り、結論ファーストでわかりやすい話し方にするということ自体、初めてディベートをする多くの方にとってはチャレンジングだと思います。AREAで話すことさえできれば、まずはクリアです。

なお、AREAで話すことに自信がある方は、さらに一歩先に行くためのコツを1つだけお伝えします。

それは、AREAの中でもE（例）に注目して、「まるで動画のようなストーリーテリングを目指す」ことです。

人が何かを話すとき、当然、限界があります。特に即興型ディベートは何かの資料やプレゼンテーションツールを使ったり、ホワイトボードに書いたりすることができず、頼れるのは自分が話す内容、話し方、そしてそれを補佐するボディランゲージのみです。

例えば、「給食よりもお弁当のほうがいい」という議題であれば、子どものころに食べて美味しかった給食や、嫌な思い出のある給食があると思います。私の場合は、小学校1年生のときにレバーが給食に出たのですが、頭では体にいいとわかっていても、パサパサした食感と独特のにおいが鼻につき、その2切れとずっと格闘した覚えがあります。

このような、日常会話の「あるある」や、「昔話」でもいいので、まずはご自身の過去の例や周りの友人の似たような例をあげて、「語り部」として具体的にストーリーテリングすることで、説得力が増していきます。

反対側1人目が行なうこと

反対側1人目は、基本的には賛成側1人目と似ている部分がかなりありますが、ポイントは、「反論」が入ることです。

行なってほしいことは、大きく3つです。

第1に、賛成側1人目と同様、「サインポスト」、話す内容の全体像を伝えてください。具体的には、「まず反論をして、この議題に反対する理由を2つ説明します」のような形です。

第2に、相手に対して反論を行なってください。

反論は「ツッコミ」のようなものだとお伝えしましたが、反論の細かい類型やテクニックは第6講（110ページ）でお話しします。ここで意識していただきたいのは、次の1点です。

「相手が言ったこと」＋「反論のAREA」のセットで話すことを意識しましょう（ここでもAREAが重要になります！）。

例えば、第3講の実例では「小学校ではお弁当と給食、どちらがいいか？」という議題でディベートを行なっていますが、「反論のAREA」で話すと、次のようになります。

相手が言ったこと

「お弁当のほうがいい理由として、賛成側の○○さんはお弁当であれば本人の好き嫌いを考慮して楽しく食事ができるとおっしゃいました」

反論のAREA

A　ですが、必ずしも保護者も好き嫌いを考えられるとは限りません。

R　なぜなら、保護者も家族の献立を考えるときに、自分や他の家族の人が好きなものをもとに料理をすることがあるからです。

E　例えば、私の母親も、父親や姉が好きなメニューである卵焼きを朝ご飯につくり、それが私のお弁当に入っていたこともありました。

A　このように、保護者も給食担当の方々のように、本人の好き嫌いを十分に考慮してつくるとは限りません。

もしくは、次のような反論の仕方もあるかもしれません。

相手が言ったこと

「お弁当のほうがいい理由として、賛成側の○○さんはお弁当であれば、本人の好き嫌いを考慮して楽しく食事ができるとおっしゃいました」

反論のAREA

A　ですが、それは本当にいいことなのでしょうか？　むしろ、本人の好き嫌いを気にしすぎるのは健康にとっていいことではないかもしれません。

R　なぜなら、栄養のプロではない保護者が、本人の好きなものばかりをつくってしまうと、場合によっては嫌いなものを食べられなくなるかもしれません。

E　例えば、私は小さいときはお菓子が大好きでした。だからといって、毎日お菓子を食べていると栄養が偏ってしまいます。ピーマンやブロッコリー、ほうれん草のような野菜なども食べる必要があると思います。

A　なので、好き嫌いを考慮して食べるというのは必ずしもいいことではなく、むしろ健康のことを考えるほうが本人のためになるのではないでしょうか。

反論するところは、まずはどこでもかまいません。テンポのいい漫才やコントでは、一言一言へツッコミが入りますよね。それはさすがにやりすぎかもしれませんが、それくらいの勢いで問題ありません。相手が話した結論、理由、具体例、つまりAREAのどの要素に対して反論しても大丈夫です。

第3に、賛成側1人目と同様に、具体的なアイデアを1～2個話してください。

賛成側・反対側2人目が行なうこと

賛成側、反対側ともに、それまでの試合展開によって、行なうことが大きく変わりますが、どのような場合でも行なってほしいことが3つあります。

第1に、他の人と同様、「サインポスト」を行なってください。

第2に、「話を深める」ということを行なってください。

この場合、「自分たちの立論に関する補強」と「相手の立論に対する反論」に分けて考えるといいでしょう。

例えば、賛成側1人目が立論を2つ行ない、反対側1人目は、それらの立論にそれぞれ反論し、さらに立論を2つくらい行なっているとします。

「自分たちの立論に関する補強」というのは、1人目の立論でさらに補強できそうなR（理由）やE（例）があればそれに関して説明すること、もしくは相手の反論に対して再度AREAで反論するということです。

コツは、「1人目が話していない話」を話すことです。

試合中に別のR（理由）、もしくは別のE（例）を思いついたとしたら、それを話すのです。特に初心者は、「E（例）」を変えることで新しい話をしやすくなります。

例えば、先ほどのお弁当のテーマであれば、自分のお弁当や給食に関する思い出は、おそらく1人目の方が話していない内容になるはずです。

また、「相手の立論に対する反論」は、比較的新しい話になりやすいはずです。

したがって、1人目の話を聞いているときには、「何を言っているのか？　何が言えていないのか？」と、耳を傾けながら考えることがポイントです。ここは、反対側1人目と同様に、「相手が言ったこと」「反論のＡＲＥＡ」の型を意識してください。

第3に、賛成側・反対側の1人目と同様に新しい立論を1つ、行なってください。

初心者は、まずは1つ目のサインポストは意識しながら、3つ目の立論を立てることを優先します。

2つ目の「話を深める」は、即興で行なうには少しむずかしいので、1つでも新しいことを言えたらいいというところからスタートしましょう。

賛成側・反対側3人目が行なうこと

3人目が行なうべきことは、大きく分けて4つあります。

第1に、他の人と同様、まずは何を話すのかサインポストをしてください。

第2に、実際の内容として、論点・争点ごとに「まとめ」を行なってください。コツは、「特定のキーワードのもとに、仲間同士をくくる」ことです。

何年か前に、あるコンサルティング企業の執行役員が、新人社員に、大量の情報をまとめるうえでのアドバイスをしていました。彼が言うには、「犬、猫、金魚、とあったときに仲間外れを見つけるという、小学生もすでにやっていることがある。まとめるというのは、これの応用版だ」ということです。

この例は秀逸だと思います。

ディベートにおいても、4人が話している時点で似たような話がされていることがあります。しかし、メモをとってみると、「仲間集め」「仲間外れ」が浮かび上がってくるはずです。

例えば、先ほどのお弁当と給食のテーマであれば、「嗜好（好き嫌い）」「栄養（将来のため）」の話がキーワードになるかもしれません。

また、「子どもにとってどちらがいいのか」「保護者にとってどちらがいいのか」のように、登場人物ごとに分けることも、「今にとってどうか」「将来にとってどうか」のような時間軸で分けることもできるかもしれません。

どのようにまとめたらいいかわからないときは、「賛成側（自分）の話」「反対側（相手）の話」のようなまとめ方でもいいでしょう。

なお、これをディベート用語で言うと、〝「論点」「争点」（Clash Point）でまとめる〟と言います。

「大きく2つの点に関して話したいと思います。第1に、子どもにとってどちらがいいのか、第2に、保護者にとってどちらがいいのかです」のように話して、論点・争点を最初に示すようにしましょう。

第3に、その中で賛成側・反対側の2人目と同様に、相手に反論しながら話を深めてください。

味方の1人目、2人目が言っていないことをAREAのR（理由）やE（例）の観点から深めます。それに加えて、相手の話への反論を反対側1人目と同様に、「相手が言ったこと」＋「反論のAREA」で行なってください。コツは、直前の話者に関する反論を意識することです。そうすると、比較的新しいことが思いつきやすいです。

そして可能であれば、第4に、「なぜ勝ったのか」をアピールすることにチャレンジしてみてください。

初心者向けではないかもしれませんが、チームとして「なぜ勝ったのか」という話をどこかでするととても効果的です。これは、後ほど詳述しますので、3人目の役割は「試合を決めること」だということだけ頭の片隅に置いておけばOKです。

例えば「具体的に話した」「この点に関しては反論した」「だから勝った」という流れで話すとよいと思います。

「ＰＯＩ」（Point of Information）で質疑応答してみよう

次に、ＰＯＩ（Point of Information）についてお話ししましょう。

ＰＯＩとは、あえて単純化すると「相手側に対して質問できる機会」です。

ＰＯＩの詳細は次の通りです。

- 相手がスピーチしている間に起立、もしくは挙手をして、「すみません」「よろしいですか」「質問です」等で、質問の意思があることを表明する。
- スピーチしている人は、ＰＯＩをとってもいいし、とらなくてもいい。
- 「どうぞ」「はい」のようにスピーチをしている人が質問を受け入れたら、実際質問する。
- 「あとでお願いします」のように、スピーチをしている人が質問をその時点では断ったら、着席する。
- ＰＯＩは、スピーチ中に最低1回とることが推奨されている。
- スピーチの過度な邪魔にならないよう、次のような3つのルールがある。

①ＰＯＩを行なっていいスピーチが決められていることがある（一般的には、長いスピーチ時間中のみ）

②スピーチ中でも、最初の1分と最後の1分等、ＰＯＩが認められない時間帯がある

③「15秒ルール」を守る必要がある（質問するときは15秒以内にすること、1回ＰＯＩが断られたら15秒間は着席していること）

なお、初心者向けの試合や一部の国際大会ではスピーチに集中できるように、あえてＰＯＩをなしにしているケースもあります。しかし、即興性がスリリングであり、最後の最後まで攻防ができることから、ＰＯＩは可とすることをおすすめします。

STEP6　お互いの健闘を称え、試合を振り返る

これで試合は終了です。

スポーツとしてのディベートでは、終わったあとに立ち上がり、相手チームと握手することが慣習となっています。例えば、サッカーでは試合が終わったあとに互いの健闘を称え合ってユニフォームを交換する慣習があります。それと同様です。

アジア大会や世界大会のような国際大会だと、「いい試合だった（Good debate/game）」のように一言、声をかけることもあります。

そのあとは、もし可能であれば、審査員の人が部屋の中で静かに考えられるよう、一度選手は部屋を出るようにしましょう（大会やルールによっては、審査員同士で討議が行なわれます）。その間、大会では相手チームとの交流が行なわれることが一般的です。

また、せっかくなのでみんなで試合を振り返ることをおすすめします。

具体的には、どちらが勝ったか、何がよかったか、どこを改善できるかという3点をディス

カッションするとよいでしょう。

1つ目の勝敗の予想は、試合をより客観的・冷静に振り返る「鳥の目」の力を養うことにつながります。

2つ目のお互いのよかったところを言い合うのは、モチベーション向上につながります（特に、真面目な人であればあるほど、できなかったところに傾注しがちなので、ぜひできたことにも目を向けてほしいです）。

3つ目の改善点は、今後うまくなるうえでのポイントを抽出することを意識してください。〝犯人捜し〟を行なうことが目的ではありません。

STEP7 審査員が討議、勝敗を決定してフィードバックを行なう

しばらくして、審査員が部屋に選手を呼び戻したら、そのタイミングで、審査員は「試合に関する感想・コメント」「勝敗」「勝敗の理由」、そして時間があれば「チーム／個人ごとの個別フィードバック」を行なうことが一般的です。

このときのマナーとして、自分が想像していなかった勝敗だったとしても、耳を傾け、メモをとり、「次はどうすればいいか」を考えることが重要です。

ディベートの性質上、勝ち負けがつくことから、負けたときは悔しいと思うのがふつうです。ディベートの選手としての視点と審査員の第三者としての視点には齟齬《そご》もあり、同じ言葉でも

受け取り方は異なるので、納得のいかないこともあるかもしれません。

しかし、一定のギャップや好き嫌いなどが発生することは当たり前です。それを乗り越え、より多くの人を説得できる能力を身につけることが、ディベートという競技においても、実世界においても素敵だと私は思います。

Parliamentary Debate Textbook

3rd Lecture

第3講

即興型ディベートの試合を実際に見てみよう

(Point)

▼審査員が試合をスタートさせる。
▼賛成側から始まり、賛成側と反対側が交互にスピーチを行なう。
▼最後に審査員が試合を終える。

第3講では、実際に即興型ディベートの試合を見てみましょう。賛成側・反対側がどのようにその立場を主張していくのかが、よくわかると思います。

今回の試合の参加者は7人です。まず、くじで賛成側3人、反対側3人、審査員1人に分かれます。

くじの結果、山田さん、鈴木さん(大学生)、ジャクソンさんが賛成側、田中さん、松井さん、鈴木さん(会社員)が反対側、私、加藤が審査員に決まりました。

続いて、ルールを決めます。話し合いで、準備時間は20分、スピーチは1人目と2人目は4分、3人目は2分としました。

次に、議題の発表です。審査員である私が、身近なテーマから今回の議題を「小学校ではお弁当と給食、どちらがいいか？」と発表しました。

発表と同時に、準備時間のスタートです。賛成側と反対側に分かれ、それぞれ作戦会議を行ないます。審査員である私は、議題発表と同時に、ストップウォッチで20分をはかります。

20分後、準備時間の終了を私が伝え、いよいよディベートが始まります。

実例

「小学校ではお弁当と給食、どちらがいいか？」

審査員　加藤

それでは試合を始めます。議題は、「小学校ではお弁当と給食、どちらがいいか？」です。賛成側がお弁当派、反対側は「お弁当に反対する」ということで給食派とします。

では、賛成側1人目の方、スピーチを始めてください。

賛成側1人目　山田さん（高校2年生・ディベートを1年前から始める）

大人であろうが子どもであろうが、1人ひとり、好き嫌いやアレルギーなど、さまざまな事情から食べたいものが違うというのが実情だと思います。したがって、私たち賛成側は、特に小学生にとっては、給食よりもお弁当のほうがいいと主張します。

理由は、大きく2つあります。1つ目は、子どもの1人ひとりのニーズに合わせることができることです。2つ目は、家族内のコミュニケーションを円滑にできるという点があります。私は1つ目の点に関して説明します。

お弁当のほうが、子ども1人ひとりのニーズに合わせた食事をすることができます。なぜなら、保護者が自分の子の事情に合わせた食事を準備することができるからです。私たちも、1人ひとり違います。特に食事という毎日欠かさずとる必要があるものに関しては、まさに十人十色です。

代表的なのは好き嫌いの違いです。肉が好き、魚はまだ苦手というようなわかりやすいものから、野菜でも、ニンジンは食べられるけどピーマンはまだ食べられないということもあるかと思います。また、味つけの違いもあります。濃い味つけがいい、薄味がいいというのは家庭ごとに違います。

アレルギーの観点も見逃せません。実は私も幼いときに卵アレルギーがあって、卵を抜いて食事をつくってもらうことがありました。卵に限らず、乳製品であったり、えびなどの甲殻類であったり、人によっては食べることができないものもあるかと思います。

さらには、宗教上の理由も考えられます。イスラム教徒の方々は豚肉や料理酒などに含まれるアルコールを摂取することができないため、対応が必要であることが静岡市で議論になっているとニュースで見ました。

このように、好き嫌いであったり、アレルギー、さらには宗教上の理由などで何を食べたいか、食べられないかというのは、まさに多種多様だと言えるのではないでしょうか。そして、それに合わせることができるのは、家族がつくるお弁当なのではないでしょうか。

一方で、給食の場合、学校が多くの生徒に向けて準備するため、1人ひとりに合わせた食事は準備しづらいのではないかと思います。1クラスだけでも30人ほど、1学年が2～3クラスで6学年分の生徒がいます。全員に合わせることはむずかしいと思います。

好き嫌いがあったり、アレルギー、宗教上の理由があったとしても、どうしても均質的な対応になってしまうのではないかと思います。

このように、1人ひとりに合わせることができるのがお弁当です。子どもが毎日つかの間の休憩になる昼休み。そんなときに、午前の疲れを癒し、午後からも頑張ろうというタイミングの昼ご飯は、1人ひとりの憩いの時間になるほうがいいのではないかと思います。

大人たちは、食べたいものを食べるということが当たり前になっています。大人も子どもも変わらないのではないかと私たちは思います。

反対側1人目　田中さん（1人の娘の父、関西育ちの町工場勤務・ディベート歴1年）

私は、よそはよそ、うちはうち、と言われて育ちました（笑）。大人と子どもも一緒じゃないかという話は確かにそうかもしれないです。それでも、大人は大人、子どもは子どもなのではないでしょうか？　私は、給食のほうがよりバランスのとれた食事が準備できることから、給食のほうを推したいと思います。

反対側のチームとして、主に2つ話したいと思います。1つ目が栄養の話。2つ目がいじめの話です。どちらも重要だと思っています。

ではまず反論させてください。1人ひとりに合わせた食事ができる、特に好き嫌いやアレルギー、宗教上の理由があると聞きました。

まず、好き嫌いというのは、よほどのことがない限り直していくことのほうが重要ではないかと思います。子どもが食べたいものだけ食べるというふうにすると、栄養が偏ってしまいますよね。子どものときだからこそ、好き嫌いを尊重するよりも、栄養を重視することのほうが大事な気がします。

アレルギーや宗教に関しては、おっしゃる通り重要だと思います。私も子どもがアレルギーをもっていて、ひどいときだと皮膚がただれてしまうのでよくわかります。

宗教もそうです。今同僚の1人がまさにイスラム教徒で、日本では特にハラールの食事が少なく困っているという話を、ちょうどこの前も聞いたところでした。

一方で、これらは時間はかかるものの、学校や自治体が必要に応じて柔軟対応を行なっている部分だと思います。陳情というような形で親や保護者が訴える内容は、必ず学校や自治体に声として届き、反映されていくものですし、山田さんがおっしゃってくださったような静岡の例も、テレビや新聞で報道されているくらい注目を集めてきています。

「食べることができないものは食べなくていい」と指導したり、うちの学校の場合は診断書などを出せば、例えばプリンの代わりにゼリーを出すことができますし、卵の場合は除いて出すことができたりもします。

　このように、学校や自治体が、柔軟に、きちんと対応してくれることは見逃せないんじゃないかと思っています。足りない部分は、しっかり直していきましょう。


次に、栄養の話です。

　何より、給食のほうが栄養のバランスがしっかり考えられていることから、子どもの健康にとっていいと思います。

　給食はプロの人が考えてくれます。プロの人がやっぱりすごいなと思うのは、ご飯やパンだけではなくて、魚や肉、サイドの野菜サラダを、見た目もきれいに食事を準備してくれることです。最近娘にお腹が出てきてしまったとよく言われてしまうので、糖質ダイエットをしているのですが、改めて給食の献立を見ると、ふむふむ、よくできているなと。私も食べたいと思いました。カロリーや脂質など、すごく気を遣われている。その結果、よくバランスがとれている、健康的な食事になっているなと。

　一方で、お弁当は、毎回そこまで考えることはむずかしい。私も忙しいときはどうしても大雑把な料理になってしまいます。私がお弁当をつくるときは、昨日の夜に食べた豚肉の生姜焼きをそのまま入れたり、どうしてもたまに冷凍食品になってしまったりします。

　もちろん冷凍食品が悪だと言いたいわけではありません。最近のものは栄養も含めてよくできているし。私が言いたいのは、家庭によってはどうしても十分に準備できないことがあるということです。

教育熱心であったり、栄養に関してしっかりされている家庭もたくさんあると思います。一方で、そうでない家庭も残念ながらある。それを平日は毎日準備しないといけない。それであれば、給食にお願いするのがいいんじゃないかと思います。

なぜ栄養が大事か。チームメンバーとも話していたんですが、「良薬口に苦し」じゃないですが、やっぱり身体にいいものをとるほうが、将来のことを考えるといいんじゃないかなと。

よそはよそ、うちはうち、と言いましたが、子どものときは特に一食一食が重要だなと思うんです。やっぱり子どもは可愛い。すくすくと健康に育ってほしい。そのためには、プロの方の知見にお任せしていきたい。大人なら自分の責任だと言えるかもしれないけれども、子どもは食事を選べない。それだったら、子どもの口に入れるものはいいものにしたい。そう思います。

賛成側2人目　鈴木さん（大学生・ディベートを始めて数回目）

とても面白い試合ですね。私は3つ、話したいと思います。

第1に、田中さんがおっしゃった栄養と健康の話。第2に、個別の好き嫌いやアレルギー、宗教などの話。第3に、家族内のコミュニケーションの話です。

では、早速1つ目の栄養と健康の話です。

プロのほうがバランスよく栄養に関して準備できると聞きました。プロは確かにプロです。一方で、それは家庭が劣るというわけではないと思います。

最近はあらゆるSNSをはじめとしたインターネットのおかげで、栄養に関していろいろ知ることができます。「健康」「レシピ」などでインターネットで調べると、レシピがたくさん出てきます。ここでさらに「ラクチン」「時短」のようなキーワードを入れればなおさらです。スポーツ選手のための食事はむずかしいかもしれませんが、一定レベルの栄養であれば、十分家庭でもクリアできると思います。

また、むしろ健康の観点からしても、お弁当のほうがいいと言えます。というのも、好き嫌いの克服のタイミングやパターンをうまく見極めることができるからです。

例えば、肉は好きだけど玉ねぎは嫌いという子どもであれば、大好きなハンバーグに、細かく刻んだ玉ねぎを入れることで「食べることができた」と最初の一歩を踏み出せるかもしれません。

家によっては、実はうちもそうでしたが（笑）、ピーマンを食べることができたらお菓子を買ってくれるというような家庭内ルールがある場合もあります。こういう柔軟性も家だからこそできます。なので、実は栄養に関してもお弁当のほうが実現できる部分は大きいのではないでしょうか。

次に、2つ目の好き嫌い、アレルギー、宗教についてです。

好き嫌いに関しては少し話しました。私たちが思っているのは、決して嫌いなものを嫌いなままにしておこうというわけではありません。克服できる部分は克服していきたいと思っています。

田中さんがおっしゃってくださったように、親や保護者の方も子どものことを大好きに思っています。なので、どうしても克服すべき好き嫌いは、克服していくように仕向けるかと思います。先ほどのハンバーグに玉ねぎ作戦のようにです。

一方で、あらゆる手を尽くしても、今は無理だ、というようなものがどうしても残るはずです。子どものときは苦い食べ物とかは特に嫌いです。私もそうでした。例えば、レバー。給食に出てきたとき、「残さず食べなさい」と言われましたが、あの独特のにおいはどうしてもだめです。いまだに、だめです。大人でも食べることができないものはあるかと思います。

アレルギーや宗教の話も重要です。時間はかかるものの変わっていくものだというご指摘は確かに頷《うなず》けます。

一方で、特に少数派であればあるほど、なかなか変わっていきづらいのも事実です。イスラム教徒の例は氷山の一角でしょうし、他にもいろいろ食べられないものはたくさんあるかと思います。特に宗教的な理由は、身近でないと理解されないこともありますし、少数派の声というのも「どうしても全体のことを考えると……」「個別対応しているときりがないもので……」と言われてしまうかもしれません。クレーマーと思われることもあるでしょう。

改めて、みんな違ってみんないい、ということを体現していけるといいのではないかなと思います。

最後に、家庭内のコミュニケーションについて。

私は、お弁当は一種のコミュニケーションになると思っています。特に言葉だけでは言えないこと、忙しいときに話せないこと、思春期のときに直接言えないこと、そんなことも込められるのがお弁当なんじゃないかなと。

お弁当は、つくり手からのメッセージなんじゃないかなと思います。例えばちょっと元気がなさそうなときには、好きなものを多く入れてあげて元気を出せというメッセージを。誕生日には少し奮発した、ちょっと美味しい牛肉などの料理を。受験シーズンは縁起をかついだカツを。喧嘩をした次の日は、仲直りのしるしに好物を。場合によっては、ちょっとした一言、「頑張れ」などのメッセージを入れられるかもしれない。お弁当は、そんなほっこりとしたコミュニケーションができると思います。

そしてそれを完食するのが、メッセージへの答えになると思います。送られてきた手紙を返すような感覚です。

給食だとそれはしづらいです。1対1のコミュニケーションではなく、1対大勢のコミュニケーションだからです。

お弁当でのコミュニケーションというのは、ちょっとしたことかもしれません。日々、積み重なるものです。普段口では言えなかったことを言える絶好の機会でもあります。そんな機会があっていいんじゃないでしょうか。

反対側2人目　松井さん（大学生・ディベートを始めて数回目）

賛成側がおっしゃってくださっている話は確かに頷けます。1人ひとりに合わせることができる、場合によってはそれがコミュニケーションにもなるというのは100％その通りです。

一方で、現実的に考えると、いろいろな人がいる社会において、そのような場合だけではなく、栄養バランスを損なってしまうケースもありますし、後ほどお話しさせていただくように、いじめにつながってしまうケースもあります。理想と現実の対立かもしれません。私は、現実主義に清き一票を投じていただきたいです。

2つ反論して、最後にいじめの話をしたいと思います。

1つ目は、最後におっしゃっていただいた家庭内のコミュニケーションの話。確かに家庭内のコミュニケーションになることはその通りです。論点は、それが吉と出るか凶と出るか、つまりよいコミュニケーションになるか悪いコミュニケーションになるかだと思います。

前提として時間があり、お互いのことをしっかり考えてくれる場合のみ有効だと思います。余裕がない家庭、例えば共働きで時間がなかったり、大家族の場合だったり、もしくはシングルペアレントの場合、毎回十分に時間をとってコミュニケーションができるでしょうか？ また、喧嘩した次の日におかず抜きというある種の「仕返し」のコミュニケーションがされてしまったらどうでしょう？ また、せっかくつくったご飯が残されてしまったとしたら？ そういった場合、逆効果になってしまうのではないかと思います。

2つ目は栄養に関して。SNSなどで探せる、時短もできるとありましたが、これも比較論として余裕がある場合だと思います。また、料理が苦手な人もいます。そういった場合、餅は餅屋ではないですが、頼める人に頼んだほうがいいのではないかと思います。

また、別の観点ですが、こういった家事・育児というのは、一部の国や地域においては女性に負担が偏ってしまうこともあげられます。賃金が支払われない影の仕事という意味で、シャドウワークとも言うようです。確かに、「子どものために頑張りたい」という思いはあるかもしれませんが、現実的にできないということがあることから、栄養に関してもプロに任せるほうがいいかと思います。

最後に、いじめに関して話したいと思います。

給食では、全員が同じものを食べるということから、いじめが起きづらいと思います。全員が平等、画一的であると、比べるということが発生しない。変にいじめのネタになりづらいのが給食のいいところだと思います。

一方で、お弁当では、どうしても家庭ごとに差が出てきてしまう。先ほど反論でもお話ししたように、いろいろな家庭があります。キャラ弁をしっかりつくることができる家もあれば、そうでない家もある。手づくりでこれは本当に時間をかけたなと一目でわかる色とりどりのお弁当もあれば、ああ、とりあえず何かを詰めたんだなとわかるお弁当もある。これが実情だと思います。

特にお弁当のつくり手同士からすると、「あの家には負けたくない」というようなプライドも出てきます。その結果、どんどん競争が激しくなってしまうことも予想されます。

これがなぜ問題かと言うと、結局「いいお弁当」と「悪いお弁当」の差が出てくると、それがいじめのきっかけにもなり得るからです。その差から、それがその家庭と紐づけられたいじめとかになってしまうかもしれません。そうなると、お弁当を食べる時間が楽しい時間ではなくなってしまいます。

特に日本においては、集団で横並びにすることで、あえて同じようにしていると思います。制服が一緒なのは、その最たる例です。私服にしてもいいんじゃないかという意見もあるかもしれませんが、それだと家庭の事情が反映されてしまう。なので、みんな一緒にしておくほうがいいのです。

御拝聴、ありがとうございました。

反対側3人目　鈴木さん（化粧品メーカー勤務の40代管理職・2年前、研修でディベートに出会う）

いいディベートになりましたね。大きく論点は3つあったかと思います。

1つ目が、主に健康をとるか、好き嫌いをとるかです。
2つ目が、家庭内の話。これは特に賛成側のコミュニケーションの話です。
3つ目が、学校内の話。特に反対側のいじめについてです。

まず1つ目に関して。

アレルギーや宗教に関しては徐々に対応していくという話になったかと思うので、主に好き嫌いについてです。お弁当のほうが、嫌いな食べ物をうまく克服できるのではないかという話でした。

私たちもそれはそうだと思うのですが、給食のほうがいいと思います。なぜなら家庭によってやる気であったり、専門知識、場合によっては費やすことができる時間などに差が出てきてしまうからです。

やっぱり健康な体であればあるほどいいと思います。体が資本です。多少好き嫌いがあって食べられないことがあっても、長期的な健康を考えれば、炭水化物、脂質などをバランスよくとっていくほうがいいのではないでしょうか？

2つ目に家庭内のコミュニケーションに関して。これも、私のチームメイトの松井さんがしっかり話してくださいました。手段としてのお弁当のメリットはわかるものの、結果としてコミュニケーションがよくなるか悪くなるかはわかりません。悪くなってしまうリスクがあるのなら、そのリスクはとらないほうがいいと思いました。

最後に、いじめに関して。あえて横並びにするほうがいじめが起きづらいという話はとても重要だと思います。ちょっとしたことでいじめにつながってしまい、それは子どもたちの心に傷を残してしまいます。それを1%でも回避することが重要だと考えています。

以上でスピーチを終わります。ありがとうございました。

賛成側3人目　ジャクソンさん（英語教師・アメリカでディベート経験あり）

私は日本が大好きです。一方で、日本の教育について、集団を重んじるあまりに、個人がないがしろにされてきたとも思っています。給食というのは、実はその教育の在り方そのものに対する問いかけなのではないでしょうか。

まず、反対側の最後の話であるいじめの話をしたいと思います。いじめは起きるかもしれませんが、これは先生のファシリテーションやディスカッションの問題だと思います。私も、しっかりと生徒を叱ったり、諭したり、説明したりします。

むしろ今のうちに、しっかりと違いがあって、それでいいのだと、認め合う社会をつくることが重要でしょう。また、むしろ違いがあるからこそハラールのような異文化理解などにもつながるかもしれません。違いはいいことなんです。

論点は、大きく2点あると思います。いじめや栄養の話と、ダイバーシティの話です。いじめや栄養に関しては、どちらも重要です。私たち3人が伝えたいのは、いじめや栄養の観点からも、お弁当のほうがいいということです。いじめに関しては、先ほど申し上げた通り、異文化理解にもつながるかもしれません。栄養に関しても、親がタイミングや好き嫌いを見ながら徐々に克服できるということに関しては、直接的に反論がなかったように思えます。

そしてそれ以上に重要なのがダイバーシティの話です。

最初に申し上げた通り1人ひとりが違う。大人も1人ひとり違う。子どもも1人ひとり違う、まさに十人十色だというのは山田さんから説明させていただきました。集団ではなく、個人が重要です。

アレルギー、宗教、好き嫌いなど、1人ひとりによって違います。給食では、それを1人ひとりに合わせることはできません。なので、これをきっかけに、お互いがお互いを認め合う、真のダイバーシティを受け入れることを、教育から始めませんか？

審査員 加藤

以上で試合は終了です。

どちらのチームも素晴らしいスピーチをありがとうございました。

皆さま拍手と、あとお互いにぜひ握手もしてください。おつかれさまでした！

このように、ディベートの試合が行なわれます。
あなたは、どちらが勝ったと思いましたか?

Part 2

賛成側・反対側の「立論」のコツとポイント

Index...

Parliamentary Debate Textbook

4th Lecture

第4講 準備時間にすべきこと

(Point)

▼議題に登場し得る人物の「幅」と「深さ」を出す。
▼議題を改めて、注意深く読む。
▼議題と似たテーマや例がないか考える。

立論のアイデアが思いつかないときの方法

第2講で、準備時間には次の5つを行ないましょうとお話ししました。

- 自分たちの「立論（アイデア）」を考える（チームとして2、3個あるといい）
- 自分たちの「立論（アイデア）」を深める
- 相手が言ってきそうな話を考える
- 相手が言ってきそうな話に対して、どのように反論するか、また最終的にどのように上回る

か考える

● そのうえで、1人目が何を話すかをチーム全員で考える

準備時間の20分はあっという間に過ぎてしまいます。準備時間に、立論のアイデアが思いつかないときもあると思います。この講では、その際に使えるテクニックをご紹介します。全部行なう必要はありません。この中のやり方で、ご自身に合ったものがあれば、それを採用してみてください。

テクニック❶ 登場人物を「そうではない人」まで含めて洗い出す

「この議題は誰にとって何がいいのか？　悪いのか？」について検討し、影響され得る人たち（ステークホルダー）を洗い出すことが1つのポイントでした。

このとき、「そうではない人」についても考えてみましょう。それによってアイデアが出てくることがあります。

● 「生徒は先生を選べるようにすべき」という議題であれば、「生徒」じゃない人として「先生」はすぐ思いつくかもしれません。また「選ばれる先生」がいるのなら、「選ばれない先生」もいます。

●「社内共用語を英語とする」という議題であれば、「英語を話せる人」「英語を話せない人」がまず浮かびます。それに加えて、その間にいる「頑張れば英語を話せるようになる人」も考えられます。

●「大企業の役員に女性枠を導入する」という議題であれば、「女性」と「男性」がまず出てきます。加えて、「役員」でない人として管理職（部長、課長など）の存在もあります。従業員、場合によっては「働こうとしている人（就職活動生など将来の従業員）」にも影響するかもしれません。さらに「消費者」「投資家」「株主」などにも影響する可能性がありますし、「競合企業」も考えられます。

●「インターネットの匿名の書き込みを廃止する」という議題であれば、匿名の発信をする「書き込む人」だけではなく、「受け手」も考えられます。「匿名で書きたい人」「実名で書きたい人」もいるかもしれません。

●「肉の消費に課税する」という議題であれば、「消費者」「（最終商品を販売する）小売やレストラン」に加え、「畜産業」も影響を受けるでしょう。いわゆる「肉の代わりの食品を開発している産業」も考えられるかもしれません。

テクニック❷　登場人物が「どういう人」なのか、具体的に洗い出す

テクニック①は、登場人物の「幅」を出すアプローチでした。

ここでは、登場人物の「深さ」を出します。具体的にどういう人なのか、場合によっては、その人の顔が思い浮かべられるレベルまで考えます。

ポイントは「自分だったら何でそうしたいのかな」「周りであれば○○さんかな」「この前ニュースで見たな」などのように、具体的に想像力を働かせることです。

具体的に人を思い浮かべることで、その人たちにとっていいことなのか、悪いことなのかを考えることができるようになり、立論しやすくなります。

- 「生徒は先生を選べるようにすべき」という議題であれば、「生徒」はどういう人たちでしょうか。真面目に勉強に励む、やる気のある生徒でしょうか？　それとも勉強は嫌いで、楽しいエンターテインメントが好きな生徒でしょうか？　教科書をただ読み上げている先生のせいで、やる気が下がってしまっている生徒でしょうか？

- 「社内共用語を英語とする」という議題であれば、「英語を話せる人」、もしくは「頑張れば英語を話せる人」というのはどういう人でしょうか？　海外経験がある人でしょうか？　世界で活躍するべく会社に入り必死に、昼夜努力をしている人でしょうか？

「英語を話せない人」とはどういう人でしょうか？　英語はできないけれども、キラリと光

る洞察力をもつ人でしょうか？　ただただ怠けている人でしょうか？　勉強はしたいのに、家族の都合で英語の勉強に時間をさけない人でしょうか？

- 「大企業の役員に女性枠を導入する」という議題であれば、必死に頑張ってきたものの、役員に顔が知られていなかったり、「育休をとるかもしれないから困る」というような理由で昇進を見送られた人でしょうか？　それとも、女性だから選ばれるということに抵抗をもつ人でしょうか？

- 「インターネットの匿名の書き込みを廃止する」という議題であれば、どういう人が匿名で書きたい人なのでしょうか？　日々のストレスで誰かに誹謗中傷を浴びせたいものの、自分だとわかると困る人でしょうか？　実は人知れず何かしらの精神疾患等を患っており、誰かに相談したいと思っている人でしょうか？

- 「肉の消費に課税する」というテーマであれば、影響を受ける「企業」は、グローバルの大企業でしょうか？　それとも、商店街にあるような中小企業でしょうか？

テクニック❸　議題を改めてもう一度読んで、「なぜこの言葉なんだろう？」と考える

「議題を改めて注意深く」読んでみましょう。

準備時間にすべきこと

「なぜこの言葉でないといけなくて、他の言葉ではだめなのだろう？」と問いかけることがポイントです。

● 「先生の給料は生徒の学力と比例させるべき」という議題であれば、「なぜ給料なのか？」（「表彰する」でもいいかもしれないのに、なぜ給料なのか？）、「なぜ学力なのか？」（部活や道徳教育、あるいは「やる気」のようなものではなぜだめなのか？）と問いかけます。その結果、賛成側は「給料という日々の生活にも直結するわかりやすいリターンがあるので、先生が頑張るようになる。特に生徒の将来にも役立ちやすく、ノウハウもある学力であれば、先生たちも頑張りやすい」という立論ができるかもしれません。

● 「社内共用語を英語とする」という議題であれば、「なぜ共用語にまでしないといけないのか？」「全員がやらないといけない理由は？」「なぜ英語なのか？」などのような問いを立てます。すると、「世界共通語と言われている英語に皆が対応する必要がある」「英語人材を雇用しようとする際、War For Talent（人材獲得戦争）とも呼ばれるグローバルの人材争奪戦に勝ちやすくなる」というような話が思い浮かぶかもしれません。

● 「大企業の役員に女性枠を導入する」という議題であれば、「中小企業やNGOではなく、なぜ大企業なのか」「管理職や一般従業員ではなく、なぜ役員なのか」「他の属性ではなく、なぜ女性なのか」「助成金等ではなく、なぜ枠なのか」と問いかけられるかもしれません。

テクニック④ テーマの一部を「あえて無視」して、似たテーマや例がないか考えてみる

テクニック③の応用です。あえて、「似たテーマや例がないか考える」というアプローチです。いくつか例をあげましょう。

- 「社内共用語を英語とする」という議題であれば、一部の家庭内で早い段階から子どもに英語を教えることと似ていませんか？　もしくは、さらに身近な例で、「家庭内で〝標準語〟を話すのか、方言を話すのか」という家族会議のテーマに似ていないでしょうか？
- 「肉の消費に課税する」という議題であれば、タバコ税、酒税、海外の脂肪税（肥満を増加させ健康に影響を与える可能性のある飲食品への追加課税）などの他の税金に似ていませんか？

テクニック⑤ 「問題―原因―解決策」というアプローチで考えてみる

すべてのテーマでうまくいくとは限りませんが、「問題と原因を探り、それを解決できる方法を考える」というアプローチです。

賛成側の場合、「現状の問題は何か？」「その問題は何が原因で起きているのか？」「それはどのようにすれば解決できるのか？」という問いを立てることになります。例をあげてみます。

第４講
準備時間にすべきこと

●「生徒は先生を選べるようにすべき」という議題であれば、問題と原因は何でしょうか？　生徒の学力の低下が問題でしょうか？　あるいは、生徒が最大限学力を発揮できないことが問題でしょうか？　その問題の原因は、教える人の教え方、性格などでしょうか？　だとすれば、生徒が先生を選べるようになると変わるかもしれません。

●「社内共用語を英語とする」という議題であれば、問題と原因は何でしょうか？「企業がグローバルで戦えない」ことが問題でしょうか？　その問題の原因は、英語に慣れていないため、海外企業とうまく交渉できない、という点にあるのでしょうか？　だとすれば、社内共用語が英語になると、普段から英語でのコミュニケーションに慣れるので、問題は解決するかもしれません。

一方で、反対側からすると、賛成側の問題に対して、「そんなに問題はあるのか？（他の方法で解決できないのか？）」「その問題は他の原因で起きているのではないか？（したがって、賛成側の解決策では解決しないのでは？）」「原因はそうかもしれないが、その解決策ではむしろ悪くなるのでは？」と、１つひとつの問いに対して反論するという形になります。

Part 2

なんだかうまくいかずモヤモヤするときは？

準備時間中、「何をどう考えたらいいのかわからない」ということもあります。そんなときのためのアドバイスをご紹介します。

●自分の中でいろいろ考えるときは、「大きな文字で」「すべて書き出す」

頭の中で全部理解できる人はいいのですが、時間も少ないので焦ってしまうことがあります。

●議題が全然わからないとき、調子が悪いときは、とりあえず、当たり前に思いついた話だけを言う

もしかしたらむずかしく考えすぎているのかもしれません。そんなときはとりあえず、言葉を声に出して言うことです。試合は相対評価なので、出せることを出し切ることが、自滅することよりも大事です。

また、準備時間で何となくチームワークがうまくいかないというときは、次のことを意識してください。１＋１が２より、１＋１＋１が３よりも大きくなるかもしれません。

第4講

準備時間にすべきこと

●必要に応じて、「書いて」コミュニケーションする

場合によっては図解等を描くことも効果的です。

●最初のアイデアを出すタイミングでは、否定せずにどんどん出す

一瞬、「ん?」と思うような話でも、そのアイデアのいいところを褒めたり、いったん次の話に移ったりするといいでしょう。とにかく否定しないことです。

●他の人の話は、相槌を打ったり、頷いたりしながら聞く

多くの人は、自分の話が伝わっているのか、もしくは変なことを言っていないかと不安になることが多いので、反応してあげることが大切です。

●質問をするときは、可能な限り「どこが困っているのか」とセットでする

AREAでいうR(理由)が弱いのか、E(例)がないのかなど、自分がどこで困っているのかを伝えるほうが、わかりやすい質問になります。

Parliamentary Debate Textbook

5th Lecture

第5講

賛成側・反対側1人目、2人目が立論を深めるコツ

(Point)

▼具体的な映像が思い浮かぶよう「解像度」を上げる。
▼〝自分側〟にしか当てはまらない話をする。
▼AREAのR（理由）をたくさんあげる。

コツ① AREAのE(例)の解像度を上げよう

ディベートでは、E（例）の「解像度」を上げることが重要です。

ピントの合っていない動画をイメージしてみてください。何となく主人公が動いているということはわかっても、それ以上の情報がないと、特に何も感じないはずです。

次に、例えば苦渋の表情を浮かべ、汗をかいているマラソンランナーの主人公をイメージしてみてください。ライバルに並ばれそうになっている中、家族の応援を背に、必死にゴールに向かって走っています。ここまで考えると、その人の顔まで、くっきりと浮かんできます。こ

第5講

賛成側・反対側1人目、2人目が立論を深めるコツ

れが、「解像度を上げる」ということです。

では、「解像度」を上げるためには、具体的にどうすればいいのでしょうか。

「具体的な映像を頭に思い浮かべること」は私がよく使うテクニックの1つです。漫画、小説、映画のようなフィクションでのワンシーン。家族や友人などの実話。ドキュメンタリーで特集されている人の顔。このようなことを想像するのです。

2020年の世界大会で優勝・個人最優秀賞を受賞したオックスフォード大学のLee Chin Wee氏は、最初はこの部分が苦手だったようです。そこでスピーチで解像度が高い表現ができるように、高校生時代から毎週のように、ドキュメンタリー記事を読んでいたそうです。そこで、心に残る表現をメモにとり、それを次のスピーチで使うということを繰り返していたそうです。

類語辞典（シソーラス）を活用するのもおすすめです。同じような表現でも、別の言い方のほうが、重みが変わるということがあります。

ことわざや四字熟語の辞書をぺらぺらとめくりながら、語彙力を増やすこともおすすめです。

ちなみにE（例）をリアルに表現する場合は、不満、不安のような「負」の感情が重要です。ポジティブなことよりも、ネガティブなことのほうが深刻に鮮明に印象に残るからです。

コツ② "自分側"にしか当てはまらない話を考えよう

せっかく考えたアイデアが簡単に反論されてしまうことがあります。

初心者にありがちなのは、賛成側、反対側の両方に当てはまる話をしてしまっているケースです。


ディベートは、元来2つのものを比較し、どちらがいいかを説得する競技で、もともと賛否が分かれる（賛成側、反対側ともに言い分がある）テーマを扱うことが一般的です。

つまり、どんな議題も、「それは確かにそうだ」と頷かざるを得ない点があります。その話をしても立論にはならないし、すぐに反論されてしまいます。

そうではなく、賛成側、反対側のどちらかのみに当てはまる話を考えなければなりません（これは、近年世界のディベート用語では「Exclusive（排他的）」「Asymmetrical（非対称的）」「Unique（固有的）」などのように表現されます）。

例えば、給食とお弁当のどちらがいいかという話で、「ご飯（ライス）がある」「皆と食べることができる」というのは、総じてどちらにも当てはまる話です。

一方で、保護者がつくっているから、よりその家庭・個人に合ったものをつくりやすい」という傾向はお弁当に当てはまりやすい話であり、「給食担当がつくっているから、より栄養バランスに配慮されている傾向にある」というのは給食に当てはまりやすい話で、相手側は簡単には反論できません

もう1つ例をあげましょう。「ペットとして犬と猫のどちらがいいか」というテーマで、「毛がふわふわしている」「目がくりくりしている」というのはどちらにも当てはまってしまう話です（もちろん種類によるかもしれませんし、一定の傾向もあるかもしれませんが）。

一方、散歩に行く頻度は総じて犬のほうが高いので、「犬を飼うことで健康になるかもしれない」という話を犬派は言えるかもしれません。また、比較的猫は気まぐれだと言いますから、「そのツンデレ具合いがたまらない」「自分のペースに合わせられる」というのは、猫派が言えることかもしれません。

「自分側」にしか当てはまらない話を探してすることで、立論を深めることができます。

コツ③ AREAのR（理由）を複数考えよう

次にチャレンジしていただきたいのは、R（理由）を複数考えることです。

イメージしてもらいたいのは神殿です。

神殿には柱がいくつかあります。1つの柱だけだと、地震や台風で崩れやすいですが、いくつも柱があると頑丈です。この柱をR（理由）だと思ってください。

数がすべてではありませんが、数はディベートにおいて強い意味をもちます。

「R」（理由）も、数多くあったほうが説得力をもちます。

1つ目のR（理由）を増やすための1つのポイントは、第4講でもお話ししましたが、ステークホルダー（登場人物／影響を受ける人）をたくさんあげることです。

そして2つ目のポイントは、「ストーリー」にした際に短期、中長期でどのようなことが起きるのか、時間軸を分けて考えることです。「風が吹けば桶屋が儲かる」ではないですが、その間にどのようなことが起こるのか、さまざまな影響を、できるだけ多く、考えるのです。

上級者向けのコツ① 「Why True?」×2＋「Why Important?」の3点セットにしよう

ここまで「AREA」でわかりやすく立論を話すことについてお話ししてきました。しかし、いくら「AREA」のR（理由）やE（例）をたくさん考えても、スピーチ時間には限界がある、話が深まらない、という人もいると思います。

そんな人のために、少し上級者向けの、立論を深めるコツをお伝えします。

第５講
賛成側・反対側１人目、２人目が立論を深めるコツ

結論から言うと、「Why True?（それって本当?）」×2（XのWhy True?／YのWhy True?）、「Why Important?（それって大事?）」の型を意識することです。

つまり、

「Xでは……です。なぜなら〜」
「一方、Yでは……です。なぜなら〜」
「この話がなぜ重要かというと……」

の３つを口癖にするのです。

そして、この３つの要素に関してそれぞれＡＲＥＡを意識して話すようにしてください（１つの立論に対して最大３つのＡＲＥＡが存在します）。

なぜこの型がおすすめなのか。大きく２つの理由があります。

第1に、強い立論というのは、「Why True?」と「Why Important?」の2つでできているからです。

この２つは、結局のところ、人がアイデアに対して疑問をもち得る２つの観点だと言われており、２０２０年の世界大会の審査委員長も、立論はこの２つの観点でつくられる、審査でもこの２つを評価していると明言しています。

第2に、「Why True?」が2つあるのは、ディベートが「2つのことを比較して、なぜ一方がいいのか、第三者に説得する」競技だからです。

「新卒で就職するなら、大企業よりもベンチャー企業のほうがいい」という議題であれば、審査員や聴衆は、「大企業」と「ベンチャー企業」の両方について詳しく話してほしいと思います。「小学生にとって給食とお弁当のどちらがいいか」という議題であれば、「給食」と「お弁当」のそれぞれについて話してほしいと考えます。

「大企業の役員に女性枠を導入する」の議題のように、2つの「Why True?」が明確ではない場合もあります。この場合は、「女性枠を導入した世界」「女性枠を導入していない世界」の対立となります。

このように、何かの政策・施策などの導入の是非を問う議題であれば、その「導入前」と「導入後」を比較することになります。

上級者向けのコツ② テーマの重要性を「数」「質」「発生確率」で強めよう

特定の話が「なぜ本当か」説明できたあとは、それが「なぜ重要か」を説明しなければなりません。

アイデアを深めるコツ（上級者向け）

A（主張）
○○なので賛成です

Why True?（X）
R（理由）：なぜかと言うと、
Xは〜
E（例）：例えば、〜

Why True?（Y）
R（理由）：一方で、Yは〜
E（例）：例えば、〜

Why Important?
R（理由）：なぜこれが大事かというと〜
E（例）：例えば、〜

A（主張）
なので、〜です

テーマによって、どの程度説明する必要があるかは異なります。また、「Why True?」のE（例）の中で、ある程度暗示しているケースも多くあります。例えば、給食での食べたくない食事のつらさなど、五感に訴える〝解像度の高い話〟があれば、それで十分なケースもあるでしょう。しかし、話の性質上、話者と受け手の間に共通言語がない場合は、「Why Important?」をはっきりと説明することが重要です。

テーマの重要性について話す際には、「数」「質」「発生確率」の3つの観点を意識することが大事です。

例えば、世界的に多くの人が望ましくないと捉えるのは、人類の大虐殺が継続的に起き、人間という種が世界からなくなることでしょう。これは、「多くの」「人の命という不可逆的なものが」「確実に」失われることから、とても重要な話だと捉えられます。

逆に、「1人の億万長者の人が」「たまたまある日」「1円をなくす」ということは、誰にとってもどうでもいいことです。

「数」「質」「発生確率」が、まるで違うのです。

ただ、この3つの観点はすべて網羅する必要はありません。どれか話しやすい観点を中心に話すだけでも十分です。

お弁当と給食の例に戻りましょう。例えば、「お弁当は毎日（保護者が好き嫌いを加味し）、食べたいものを食べられる」というスピーチがあり、それが重要な理由として次のように話し

第5講
賛成側・反対側1人目、2人目が立論を深めるコツ

たとします。

「毎日授業に集中し、場合によっては苦手な科目の授業もある。そんなときにほっとするお昼時間に美味しいものが食べられるというのは、本人にとって毎日の楽しみだから、とても大事なのです」

この話の中には、毎日という「発生確率」や、つらいときの息抜きという「質」の観点が入っており、そのことでより話を深めることができています。

一方で、給食側は「栄養士による食事のおかげで健康に育つ」というスピーチをし、「健康というのは何事にも代えがたいものです。体は資本です。特に子どもという発育が大事なタイミングで栄養素の高いものを毎日食べることが、将来の健康にもつながります」と話したとします。

この話も、毎日という「発生確率」や、子どものときに健康的な生活を送る必要性という「質」にも踏み込めているため、内容がとてもよくなっています。

初心者はこの「重要性」の部分はわかりづらいかもしれません。

まずは、可能な限り、重要性に関連する3つの観点を少しでも意識するというところからスタートしましょう。

Parliamentary Debate Textbook

6th Lecture

第6講

反対側1人目以降のための反論をするコツ

(Point)

▼相手の話をよく聞いて「AREA」で整理する。
▼相手の話がわからないときはその理由を洗い出す。
▼反論は、相手のどの話にしてもよい。

まずは、相手の話を「よく聞く」ことから始めよう

そもそも、即興型ディベートは、他の人の「言いたいこと」を受け止めることから始まります。賛成側1人目のスピーチ以外は、相手の話を踏まえて話さなければならないからです。世界大会で結果を出した、小野暢思氏の言葉が秀逸なので引用します。

「ディベートでは、『pureな耳』で、審査員と同じだけ中立的に聞くことが大切です。試合になった途端、耳に謎の攻撃的なフィルターをかけて相手の話を聞かない、聞こうとし

第6講
反対側1人目以降のための反論をするコツ

ない、曲解する、卑下するのはディベートの態度としてはふさわしくありません。

いったん攻撃的になるのはやめて、優しくなって『相手は何を言わんとしているのだろう?』とおおらかな心構えで聞くようにすることが、噛み合う議論をするための絶対条件です。

相手の気持ち、真意を100%理解できたとき、強い反論を思いつくことができ、噛み合う反論が可能となるのです。驚くことに、強いディベーターは、話しているスピーカー本人以上にその議論を理解しています」

コツ① 相手の「言いたいこと」も「AREA」で整理する

おすすめは、相手の話をAREA(主張・理由・例・主張)で整理することです。

AREAと書いた紙やノートを手元に置いておき、相手の話のA(主張)がわかったらA(主張)の横に書く、R(理由)を言ってきたらR(理由)の横に書くというような形で整理するといいでしょう。


ポイントは「考えながら聞く」ということにあります。

よくやってしまいがちなのは、「とりあえずまずまず何も考えずに聞く」ことです。もちろん、時と場合に応じて、そのようなことが重要になることもあります。私も全く未知の領域の話を聞く際は、まずはメモをとるという行為に終始することもありますが、基本的には、考えなが

Part 2

ら聞くほうが効率的に相手の話を理解できます。

ただし、ここでのポイントは、先ほどの小野さんの言葉のように、「変なフィルター」をかけるのではなく、あくまでAREAを活用して理解することにあります。

少し慣れてきたら「Why True?」「Why Important?」の立論のときの型に則って整理するのもいいでしょう。

コツ② わからなかったときのパターンを知る

相手の話がわからないパターンはいくつかあります。なぜわからないのか、その理由を洗い出しましょう。よくありがちなパターンと、その対応法を紹介します。

●相手のチームの話を〝予測しなすぎ〟のパターン

初めての話は焦ってしまいわからなくなることがあります。事前に「こういうことを言ってくるかもしれない」という「かもしれない」ディベートをすると、「あ、この話か！」となって安心しやすくなります。

●逆に相手のチームの話を〝予測しすぎ〟のパターン

逆に、相手の話を予測しすぎて「そうではない話」が出てきたときに慌てふためくパターン

反対側1人目以降のための反論をするコツ

です。ディベートにおいては「予想外の話も出うる」のは当たり前なので、「当たればラッキー」という気持ちで予測したほうが賢明です。

●相手の話を〝ていねいに聞きすぎ〟のパターン

人によってはていねいに聞きすぎて、「逆にあれ、一言で言うと何なんだろう？」「AREAでまとめるとどうなんだろう？」というところがおろそかになってしまうケースがあります。「結局一言で言うと？」と、自分自身に問いつつ聞くようにしてください。

●相手の話のメモが追いつかないパターン

相手の話を聞くときに、速記をしてもいいですが、おすすめはできるだけ略語や記号等を使いながらメモすることです。例えば、何かが増える話であれば「↑」、逆に減る話であれば「↓」等の記号を使えば便利です。

●どこでどういう話がされたかわからなくなるパターン

1つの話であれば理解できることも、1つのスピーチの中にいろいろな話があったり、複数のスピーチを聞くことになると、だんだん記憶力の限界が近づいてきます。おすすめなのは、全員が話した話を図解する紙を別に1枚用意しておくことです。

●自分のスピーチをつくるので精一杯になってしまうパターン

そもそも、自分の話の準備で頭がいっぱい、というパターンです。このパターンを回避するためには、スピーチづくりのどこでつまずいているのかを日頃から考えることです。また、例えばわずかなメモ書きがあれば想像以上に話せるということに気づけば、落ち着いて相手の話を聞けるようになります。

●他の人に頼らなすぎのパターン

ディベートはチーム競技です。チームメイトに頼るようにしましょう。「今どういう話をしていた?」などチームメイトに聞いても何ら問題ありません。特にスピーチが終わった人やスピーチの順番がしばらくあとの人は、比較的余裕があります。

付箋などを共有したり、他の人のメモを覗き込ませてもらうのもありです。

コツ③　反論するときのポイント

次に、反論するときのポイントです。すでにお話ししたように、**反論ではなく「ツッコミ」だと思うことがおすすめです。**

反論するときの「ツッコミ」のイメージですが、相手の議論を多くの輪が存在する「チェーン」だと想像するのがいいでしょう。そのチェーンのどの部分を切っても(ツッコんでも)いいのです。

AREAで考えると、特定のR（理由）かもしれないし、E（例）かもしれません。「Why True?」×2＋「Why Important?」の観点で反論を考えてもいいでしょう。暗黙の「前提」のような話への反論、もしくは、立論「全体」への反論もあるかもしれません。

反論のポイントをいくつかあげるので、参考にしてみてください。

- E（例）への反論では、「その例は間違っている」、もしくは「その例は1つの事例のみだ」「その例と今回の話は状況などが異なる」等
- R（理由）への反論（特にWhy True?の部分）では、「それは違う」、もしくは「それはもう一方でも当てはまる（排他的ではない）」「むしろ逆だ」等
- 「Why Important?」への反論では、「それは重要ではない」「それはむしろ起きていいことだ」等
- 立論の前提への反論であれば、「この議論の前提は～に基づいているが、そうとは限らない」等
- 立論全体に対しての反論であれば、「この話は関係ない」等

反論の仕方の例

例えば、「日本はタバコの製造・販売・使用を禁止すべきだ」という議題で、賛成側が次のような議論を展開したとします。

「私たちは、タバコは健康被害をもたらすため禁止したほうがいいと思います」

〈Why True? ①（タバコがある現状）〉

A　現状では喫煙者が病気で苦しんでいます。

R　それは、タバコが合法で、喫煙者は好きなようにタバコを買って吸っていいからです。

E　例えば、肺がんで苦しんでいる人がいます。

A　こんなふうに、現状では喫煙者が病気で苦しんでいるのです。

〈Why True? ②（タバコが禁止された世界）〉

A　一方で、この政策をとることにより、喫煙者は健康な生活を送ることができます。

R　それは、タバコが違法になったら、刑罰を科されることを恐れるため、喫煙者はタバコを吸うことができなくなるからです。

E　すると、肺がん等で苦しむことはもうなくなります。
A　だから、禁止政策をとったら喫煙者は健康になります。

〈Why Important?〉
A　このように、喫煙者が健康になることは重要だと思います。
R　早死にしたり、闘病で苦しんだりするのではなく、家族や友人と時間を過ごしたり、自分の好きなことをしたりできるからです。
E　政府はすでにコカイン等を禁止しています。
A　同じように危険なものは禁止したほうがいいと思います。

この例に対して、どのように反論できるでしょうか？　反論できる箇所・パターンはいろいろあります。

反論例❶

〈Why True? ①〉
R　それは、タバコが合法で、喫煙者は好きなようにタバコを買って吸っていいからです。
➡タバコが合法だからといって、喫煙者が好き勝手タバコを吸っているとは限りません。現在、タバコ税はかなり高額になってきていますし、禁煙の動きも加速化しています。私の父も、かなり世間の風当たりが厳しくなったということで、1人寂しそうに寒い中喫煙所に行ったり、家庭内でも「家計も厳しいんだし、子どもの健康のことも考えてよ！」と言われ、タバコの本数が減ってきています。

反論例❷

〈Why True? ①〉

E　例えば、肺がんで苦しんでいる人がいます。

⬇確かに、一部肺がんで苦しんでいる人もいるかと思います。しかしそれは、ヘビースモーカーの方々であり、そうでない人たちは、例えばタバコを少し付き合いで吸う、たまに吸う、という楽しみ方もあります。また、電子タバコのように比較的害が少ない形で嗜好品として楽しんでいる層もいます。

反論例❸

〈Why True? ②〉

A　一方で、この政策をとることにより、喫煙者は健康な生活を送ることができます。

⬇果たして本当にそうでしょうか？　健康には「身体的な健康」と「精神的な健康」の2つがあると思います。普段、長時間パソコンに向かったり、営業先で商品の売り込みはお断りだと厳しい罵声を浴びせられ、家族のために必死に夜遅くまで残業したりしている会社員は、ストレスを軽減したいかもしれません。ストレスのはけ口としてタバコが機能し、「精神的な健康」を得られているとすると、喫煙禁止はその「精神的な健康」を奪ってしまうことにもつながるのではないでしょうか。

反論例❹

〈Why True? ②〉

R それは、タバコが違法になったら、刑罰を科されることを恐れるため、喫煙者はタバコを吸うことができなくなるからです。

⬇どうしてもタバコを吸いたいという需要は残り続けるのではないかと思います。そうなると、闇市場のような場でタバコの販売がこっそりと行なわれることもあるのではないでしょうか。例えばアメリカで禁酒を行なおうとした際も、闇市場でお酒が出回りました。今回も同様のことが起こるのではないでしょうか。

〈Why Important?〉

E 政府はすでにコカイン等を禁止しています。

A 同じように危険なものは禁止したほうがいいと思います。

⬇コカイン等のハードドラッグとタバコは、その害の大きさが異なります。かなり体に危険を及ぼすコカインと異なり、タバコはそこまで深刻ではなく、同列に語るのは少し違和感を覚えます。

反論例❺

〈Why Important?〉

A　このように、喫煙者が健康になることは重要だと思います。

R　早死にしたり、闘病で苦しんだりするのではなく、家族や友人と時間を過ごしたり、自分の好きなことをしたりできるからです。

⬇この主張の前提は、人が健康になることが最優先だということですよね。しかし、人によって幸せの定義は異なり、政府が一律に、「人の幸せが何か」を決めていいのでしょうか？例えば、私があなたに「あなたの健康のために、こうしなさい、ああしなさい」と口出しされるのは嫌ですよね？

このように、反論例はいろいろとあります。あなたも考えてみてください。

7th Lecture

第7講

賛成側・反対側2人目のための話の深め方とアイデアを思いつくコツ

Point

- ▼1人目の相手側の話を、「むしろいい」「むしろ悪い」と言えないか考える。
- ▼長期で考えた場合、どう変わるか考える。
- ▼場所で考えた場合、どう変わるか考える。

どこを深めるといいか考えよう

2人目のスピーチで大事なのは、1人目の話を深めることです。「話を深める」ことについては、初心者はまずは「自分たちの立論に関する補強」と「相手の立論に対する反論」に分けて考えることが重要です。

「自分たちの立論に関する補強」に関しては、「1人目が言っていない話」を深めることがポイントとなります。

1人目の立論の、「Why True?（それって本当?）」×2＋「Why Important?（それって大事?）」という型で話された内容に沿って、足りない部分を補いましょう。

1人目の立論でよくありがちな例をご紹介します。

「Why True?」の際に、R（理由）かE（例）のどちらかに寄ってしまっている

特に初心者にありがちなのですが、抽象的な思考が得意な人は具体論が抜けやすく、「例えばどういうことなのか」という点が第三者にとってわかりづらいことがよくあります。R（理由）が強く、E（例）が弱いのです。この場合は、自分の例や、固有名詞を使った別の話などを出して、一気に解像度を上げましょう。

1人目の立論が非常に具体的で情緒的だった場合は、それを論理的に解説すると話が深まります。また、「つまり、○○さんがおっしゃったのは、XとYがポイントでした」という形で抽象化するのも有益です。

片方の「Why True?」が薄くなってしまっている

例えば「犬と猫のどちらがいいか?」という議題で、猫についての話が明示されていない、「タバコを廃止すべきである」という議題で、タバコが廃止されると人がどのように健康になるのかという点が明示されていないことはよくあります。2人目は、その部分を補強します。

２つ目の立論が抜けてしまっている

時間の都合上、シンプルに２つ目の話が駆け足になってしまうことはよくあります。特に、２つ目の立論のＥ（例）や、「Why Important?」は抜けがちです。ですから２人目は、事前に、２つ目の立論の具体例と「Why Important?」の部分を準備しておきましょう。

話を深めるには、どこの部分が足りないのか考えながら、チームメイトの話を聞くことです。

「相手の立論に対する反論」に関しては、材料がまだ残っていることが多いものです。ここは新しいことを言いやすい部分なので、ぜひ積極的に反論してみましょう。

一方で、新しい立論、話の補強、相手の話への反論は、どのパターンにしろ、だいたい思いついたことは１人目が話してしまっている場合があります。その場合は、どのようにすれば発想の幅が広がるのでしょうか。

「２人目のコツ」を詳しく述べていきましょう。自分ができそうなものから選んでいただければと思います。

コツ① 相手の話に対して「むしろいい・悪い」と言えないか考えてみよう

1人目の時点で、相手の一番重要な話は出ています。そのため、「相手が言ってくる話をひっくり返す」ことができればとてもいいでしょう。

相手の話に対して、「むしろよくなる」「むしろ悪くなる」という形で議論を展開してみましょう。

例をいくつか紹介します。反対側2人目は、反対側1人目が思いつきづらいことまでフォローするようにしましょう。

「新卒で就職するならば大企業よりもベンチャー企業のほうがいい」

賛成側（ベンチャー企業側）が、「ベンチャーでは自分のやりたいことを自分のやりたいチームで行ない、かつ大企業のような長い承認プロセス等も比較的少ないことから事業を立ち上げ・展開しやすい」という話をしたとしましょう。

反対側（大企業側）は、「むしろ大企業はそのブランド、既存顧客との接点、資本等を活かして早く事業を展開することができる。あの有名な○○社だということで、宣伝も打ちやすい。その結果、消費者が買ってくれる」という話で、ひっくり返すことができるかもしれません。

「大企業の役員に女性枠を導入する」

賛成側が、「女性枠によって多くの女性が平等に機会を与えられるチャンスになるため、他の女性も頑張るようになり、その結果、女性が多く活躍する」という話をしたとしましょう。

その際、反対側は「女性は〝女性枠〟があることによって操り人形のように感じてしまい、自分に負い目を感じ続け、むしろ実力を発揮できず、そのあとの女性が続かなかったりする。女性活躍の観点から、むしろ逆効果になる」という話ができるかと思います。

「新興国において環境税を廃止する」

１人目の反対側が、「環境税のおかげで企業は環境にいいことに取り組もうとする。再生可能エネルギーへの投資、エコカー等のエコな商品の開発などを行なうため、環境がよくなっている、環境税が廃止されるとそのような取り組みがなくなることから環境が悪くなる」という話をしたとします。

２人目の賛成側は、「企業が税金をとられなくてすむことから、その分、雇用等に回すことができる。その結果として、従業員であり消費者たる個人が、経済的に余裕ができ、むしろ環境にいい意思決定をするようになる。したがってむしろ環境がよくなる」という話ができるでしょう。経済発展あっての環境保護という論理です。

「地球に巨大隕石が衝突することが発覚した。国際社会が最善を尽くした結果、人類の唯一

Part 2

の生存方法としてシェルターを開発したが、生存可能な人数は限定的である。国際社会は生存する人類を、個人の能力や専門性を考慮せず、くじ引きにより決定する」

賛成側は、「個人の能力や専門性は、その個人の努力もあるが、家庭の収入の多さなどにも大きく影響される不公平な基準であり、先進国の市民や富裕層が結果的に優遇されてしまう。くじ引きのほうが個人の公平感を得ることができる」と話したとします。

反対側は、「現在、医療の現場でもトリアージのような形で、資源が有限の際はすでに生きる確率を最大化する決め方をしている。そのような緊急事態の決め方とはまた異なる指標であることから、くじ引きによってむしろ、個人の不公平感は強まるのではないか」という話が展開できるかと思います。

コツ②「時間軸」をずらしてみよう

時間軸をずらして視点を広げるのも有益な方法です。いくつか例をあげましょう。

- **「ライフスタイルとして、結婚するよりも独身のほうがいい」**

1人目の賛成側が、結婚するにあたってのお見合いや合コン等の出会いのプロセスや、結婚したタイミングの話をするとします。

賛成側の2人目は長期の視点で、定年したあとにも連れ添うことのメリットまで発想をふくらませることができます。

「大企業の役員に女性枠を導入する」

賛成側の1人目は、短期的には「多くの役員候補の女性がチャンスを得ることができる」という「役員になる」話が思いつきやすいでしょう。

賛成側の2人目は長期の視点で、「役員になったあと、役員会議などで女性にとってよい環境づくりを提案することができ、議論を通じて他の役員を説得したり、場合によっては投票で可決することも考えられる。産休、育休などの制度が整備されて、さらに多くの女性が活躍し始める」などと「役員になったあと」の話を展開することができます。

「家庭からのゴミ出しを有料化すべき（ただし、リサイクルに回せる場合はゴミとは定義しないこととする）」

1人目の賛成側が、「ゴミ出しを有料にすれば、プラスチック製品の購入を控えるなど、多くの人がゴミを減らす努力をするようになるという話をしたとします。

これを受けて2人目の賛成側は、「長期的に考えると、有料化することで自治体の収入が増え、各自治体がより分別・リサイクルに関するアドバイスをするようになり、その結果、ゴミが減っていく。また、企業が省資源化（ペットボトルの軽量化等）をしたり、リサイクルしやすい素材を開発・製品化する可能性が高い」などの話ができます。

コツ③　関係する「場所」を洗い出そう

個人という視点ではなく、家族、社会、国内ではなく海外のように、空間的広がりをもたせることも有益です。

いくつか、例をあげましょう。

●「ライフスタイルとして、結婚するよりも独身のほうがいい」

個人の日常生活という「場所」だけではなく、帰省した際や、企業という「場所」ではどうでしょうか。「場所」を広げることで、違う視点が出てきます。

●「小学生にとっては、給食よりもお弁当のほうがいい」

よく話されるのは、「学校で何が起きるか」という視点ですが、「家で何が起きるか」という視点でも考えられます。

例えば、一部の学校ではあえて海外でよく食べられるようなメニューを出したりしますし、地域に根づいた食材で給食をつくる学校もあります。すると、「今日学校で○○を食べたんだよ」という会話が家庭でなされ、コミュニケーションが活発になるのではないか、などの話ができます。

「大企業の役員に女性枠を導入する」

女性の活躍の観点だけではなく、企業の生産性・収益の観点、さらには経済全体の観点で考えることができます。

例えば、「多くの大企業に女性枠が導入され、女性が活躍する社会になれば、女性の転職や職業選択の幅が増える。さらに女性が貴重な労働力になれば、その分多くのイノベーションや経済活動が進む」というような話ができます。

「肉の消費に課税する」

先進国という場所だけではなく、新興国という場所で何かないか考えることができます。「肉への課税によって、生産者に対する価格下げの圧力が強まり、新興国の肉農家が苦しむことになる」などの議論が展開できます。

Parliamentary Debate Textbook

8th Lecture

第8講

賛成側・反対側3人目のための議論のまとめ方と比較のコツ

（Point）

▼議論をグルーピングしてまとめる。
▼これまでの話の中で、最も説得力があった話を取り上げる。
▼比較を使って、「勝ち」を引き寄せる。

コツ① 今まで出た議論をグルーピングしてまとめる

1人目、2人目に比べて、3人目はむずかしいです。いろいろな議論がすでに出ているので、それを追うだけでも大変です。世界では多くの場合、一番強い選手が3人目を担当します。ですから、3人目は、うまくできなくても、落ち込むことはありません。

3人目の役割は、これまでの議論をまとめることです。

話をまとめるという行為は、実は誰でも、一度は行なったことがあります。その最たる例は、

第8講

賛成側・反対側3人目のための議論のまとめ方と比較のコツ

前にも述べましたが「仲間外れを探す」クイズです。

「猫、犬、金魚、うさぎ」と聞いたとき、「猫、犬、うさぎは動物」「金魚は魚」と分けることができます。

「うどん、蕎麦、スパゲッティ、牛丼」だといかがでしょうか。「うどん、蕎麦、スパゲッティは麺類」で「牛丼はご飯もの」と分けられますし、「うどん、蕎麦、牛丼は和食」「スパゲッティは洋食」と分けることもできます。

このように日常的に行なっている「グルーピング」を、ディベートの局面で考えるとどうなるでしょうか。

例えば、「本議会は政治家の女性枠を導入する」という議題で、賛成側が立論や反論を通じて、

① 女性が政治家になりやすくなるため、職業選択の自由を保障できる。
② 女性政治家が活躍している様子を見て、将来政治家になりたいという女性が増える。
③ 男性政治家からすると、枠が限定されてしまうため必死になり、政治家の質が上がる。
④ 女性の困りごとに対応する政策がより実行されやすくなる。
⑤ 女性の政治家が増えることにより、子育てとの両立やセクハラの減少など、政治家としての環境が女性にとっても働きやすいものになる。

という議論を展開したとしましょう。

反対側は、これをどのように「グルーピング」できるでしょうか？

いくつかのパターンがありますが、例えば「誰にとっていいのか」という観点でまとめてみます。

〈今の女性にとっていい〉

①女性が政治家になりやすくなるため、職業選択の自由を保障できる。

⑤女性の政治家が増えることにより、子育てとの両立やセクハラの減少など、政治家としての環境が女性にとっても働きやすいものになる。

〈市民にとっていい〉

③男性政治家からすると、枠が限定されてしまうため必死になり、政治家の質が上がる。

④女性の困りごとに対応する政策がより実行されやすくなる。

〈将来の女性政治家にとっていい〉

②女性政治家が活躍している様子を見て、将来政治家になりたいという女性が増える。

「グルーピング」をする際のポイントは大きく分けると、次の3点です。

- 「時間軸」でグルーピングする（短期で生じるもの、長期で生じるもの等）
- 「場所」でグルーピングする（国内で起きること、国外で起きること等）
- 「主体（ステークホルダー）」でグルーピングする（男性へのメリット、女性へのメリット等）

この3つのどれかでグルーピングできないか、1人目、2人目の話を聞きながら考えるといいでしょう。そして、どうしてもいいまとめ方が思いつかなかった場合は、「賛成側の話」「反対側の話」と分けてもOKです。

コツ② 最も説得力があった話を選ぶ

では、話をまとめるとき、何を話したらいいのでしょうか？

基本的には、今まで話された賛成側・反対側の議論、反論の中で、「すごく説得力のあったもの」を中心に選ぶと効果的です。

AREA（主張・理由・例・主張）の具体性、完成度等で見ても、「それは思いつかなかった！」というような意外性でも、議論の重要性として「質」「数」「発生確率」が大きいものでもいいでしょう。

また、これはディベートのルールによるのですが、ルールによっては3人目で「新しい立論」や反論をすることは禁止となっています。明らかに後出しじゃんけんになってしまうからです。

ルールはその時々によって異なりますので、きちんとルールを確認したうえで、臨むようにしましょう。

比較にチャレンジしてみよう

ディベートに慣れてきたら、賛成側、反対側の3人目は、両方の議論を比較して、「なぜ自分のチームが勝ったか」を説明することにチャレンジしてみましょう。

なぜディベート中に比較することが重要かと言うと、審査員を含む第三者は、まだどちらが勝ちにするか、悩んでいることが多いからです。そもそも議題自体が賛否両論があることに加え、人の受け止め方は多種多様です。だから、多くの場合、どちらも勝ちにすべき、もしくは負けにすべき理由が併存しています。

長年、英語即興型ディベートを競技者、そしてコーチとしてリードされていた並木大氏の表現をお借りすると、「審査員は、迷える子羊。放っておくと、相手の陣営に迷い込んでしまう。そんな子羊をなだめすかして、自分たちの側に誘導する」ことが必要なのです。

議論を比較する場合は、3つのパターンがあります。

第8講
賛成側・反対側3人目のための議論のまとめ方と比較のコツ

比較のパターン❶　試合でのパフォーマンスを比較する

賛成側と反対側のパフォーマンスを比較することが1つ目のパターンです。

自分たちのスピーチの中でうまくできたこと、相手ができていなかったことを注意深く聞いておきましょう。

例えば、あなたのチームの主要な話が相手から反論されておらず、あなたのチームはしっかり反論しているとしたら、それを伝えてもいいかもしれません。

また、具体的に話した、〝自分たちの側にしか当てはまらない〟深い分析をしたというようなことも、第三者にアピールする点としていいでしょう。ただ、この際は、相手のチームの人格否定にならないように留意してください。

比較のパターン❷　一番強い話同士を比較する

ディベートの中では、お互い強い話が対立することがよくあります。その話を比較することが2つ目のパターンです。

例えば、「しずかちゃんはのび太君と出木杉君のどちらと結婚すべきか？」という議題で議論したとします。

議論のメインとして、常にしずかちゃんのことを考えるのび太君による「愛」と、勉強もスポーツもできる出木杉君が大人になってから稼ぐ「お金」の対立にもなるかもしれません。両方とも強い話ですが、この2つを比較します。

愛のほうが重要だというほうは、「お金は突き詰めても終わりがない。他のお金持ちの誰かとずっと比較し続けなければならない。お金持ちでない人からも妬まれるが、愛は絶対的な安心感をもつことができる」と比較することができます。

逆に、お金のほうが重要だというほうは、「愛があったとしてもそれを表すのがお金である。資本主義社会ではお金がないと幸せになれない」という話を展開できます。

比較のパターン③　議論全体の大きさで比較する

3つ目は、議論全体で比較するパターンです。

議題によっては、「個人」の話では甲乙つけがたくても、「経済・社会」まで含めると影響を受ける人が多いのは賛成側だ（もしくは反対側だ）という話ができるかもしれません。

また、「男性」の観点だけだとどちらも甲乙つけがたいかもしれないが、「女性」の観点まで入れると賛成側だ（もしくは反対側だ）と言えることもあります。

3人目になったときの心がまえ

賛成側・反対側の3人目の人から、よく聞く質問があります。

まず、「準備時間には何をすればいいでしょうか？」という質問です。

3人目はすぐにスピーチをする必要がないので、準備時間は最も〝落ち着いている〟時間です。

なので焦らず、賛成側・反対側バランスよく、どのような話になりそうか考えましょう。思いついた話は可能な限り１人目や２人目と共有しましょう。

２つ目は、「まとめ方が思いつかないのですが……」という質問です。

準備時間の最後のほうは、他のチームメイトはすでにスピーチをつくる準備をしているはずです。その際、どういう点で対立しそうか、どういう論点になりそうか、いくつかパターンを、できるだけ予測しておきましょう。

３つ目は、「試合中は何をするといいでしょうか？」という質問です。

基本的にはどのようにまとめるか、どう勝つかを考えなければなりませんが、そのためにも、「試合の流れをよく聞く」ことに尽きるかと思います

そして、メモをとることです。メモをとることで、チームメイトが言っていないこと、反論し忘れたところなどにも気づくことができるでしょう。そしてそれをチームメイトにも、ぜひアドバイスしてください。

Parliamentary Debate Textbook

9th Lecture

第9講

相手への質問（ＰＯＩ）の仕方

(Point)

▼ＰＯＩは積極的に行なう。
▼紙に書いて、シンプルに、質問形式で行なうよう心がける。
▼ＰＯＩは15秒で行なう。

ＰＯＩとは何か

66ページで少しふれましたが、ＰＯＩ（Point of Information）とは簡単に言うと相手側に対して質問できる機会です。

ここではＰＯＩについて、さらに詳しくお話ししていきましょう。

大きく分けて、ＰＯＩは4類型、存在します。

第9講
相手への質問（ＰＯＩ）の仕方

① わからなかったことへの質問
② 自分のチームがすでに言った分析の提示
③ 新しい反論の実施
④ 相手の欠点の指摘

初心者はまずは①、②から始めるといいでしょう。


まず、①の「わからなかったことへの質問」についてです。

シンプルに話を聞き逃したということであれば「もう一度〜の点について教えてください」のような質問をしてもいいでしょう。

使用している言葉の意味がわからない、もしくははっきりしない場合であれば、「どのような意味で〜をご使用になられていますか？」と聞いてみましょう。

また、「その理由は何ですか？」「その具体例を教えてください」のように、ＡＲＥＡに沿って質問するのも一案です。


次に、②の「自分のチームがすでに言った分析の提示」です。

これは、自分、もしくはチームメイトが話した内容について、改めてどう思うか質問することです。

「その点に関しては、〜と○○さんが述べたのですが、いかがでしょうか？」「○○さんが、2つ目の立論で〜と述べたのですが、どう思われますか？」のように質問します。

こちらも、AREAに沿って質問してもいいでしょう。

③の「新しい反論の実施」、④「相手の欠点の指摘」については、それぞれ110ページの「反対側1人目以降のための反論するコツ」の内容、130ページの「賛成側・反対側3人目のための議論のまとめ方と比較のコツ」で言及した内容と同様ですので、そちらを参照してください。

POIは15秒で行なう

POIは、相手側のスピーチ中に行なうことができます。

相手がスピーチしている間に起立、もしくは挙手をして、「すみません」「よろしいですか」「質問です」などと発言して、質問の意思があることを表明しましょう。

POIをするときのコツは、「紙に書くこと」です。

POIは、15秒で行なわなくてはなりません。いろいろ思いついたとしても、15秒で言わなければならないので、なかなかむずかしく、その場で緊張してしまったり、収まりきらずに質問できないことは上級者でもあります。1~2回しかチャンスがないため、有効活用できるようにしましょう。

ポイントは、シンプルに伝えることです。長い文章や語彙・言い回しにこだわりすぎて、足をすくわれるケースはよくあります。

また、必ず質問形式にしましょう。最終的に疑問符で終わるような質問であるほうが第三者にも伝わりやすく、相手にも伝わりやすい内容になります。

前置きや感謝は必要ありません。15秒しかないので、省いてかまいません。

POIを返すときは?

POIを返すときは、できるだけその質問に直接答えることがいいとされています。答える時間も、できるだけ15秒から30秒以内くらいが望ましいです。

単純な言葉の定義の質問であったり、言ったことの言い換えを求められている、①の「わからなかったことの質問」は比較的答えやすいと思います。

それ以外に関しては、その場で反論を考える必要があるため、すぐに答えられないことがあります。困った場合は、自分が知っている事実を、まずは返すことをおすすめします。

また、どうしても答えが思いつかない場合は、「後ほどお答えします」と言って、そのあとに返してもかまいません。

場合によっては、他のチームメイトがお答えするという形にするのもやむを得ないと思います。

Part 3

審査員の役割と務め方

Index...

Parliamentary Debate Textbook

10th Lecture

第10講

審査員の務め方①　勝敗のつけ方、理由の説明方法

(Point)

▼審査には選手と同じ熱量で、全力で臨む。
▼試合中はメモを活用する。
▼フィードバックをしっかり行なう。

誰もが生活の中で「審査員」をしている

審査員と聞くと身構えてしまう人もいるかもしれません。しかし、あなたも普段から実は「審査員」のようなことを行なっています。

「今日の晩ご飯を何にするか」「何をして遊ぶか」「告白すべきか」「どの部活に入るか」「どの仕事をするか」「企画のA案とB案のどちらを選ぶか」……等々、あなたはあらゆる場面でいろいろな人に相談をしたり、話を聞いて、最終的には悩みながらも意思決定をしています。こ

れは、ディベートで審査を行なって結論を出すことと同じです。

選手として身につく能力と、審査員として身につく能力は別の種類のものです。審査員は、試合を客観的に見て、なぜ一方が勝ったのかを論理的に説明しながら、選手の感情にも配慮することが必要になります。これらは、ディベートで身につくあらゆる能力を高めることにもつながります。

東京大学英語ディベート部の私の先代部長は、「ディベートがうまくなりたいのであれば、ぜひ審査員をしたほうがいい」と口を酸っぱくしておっしゃっていました。やりがいもありますし、日々の生活にも直結するので、ぜひチャレンジしてください。

経営者としてもご活躍されている久保健治氏は、審査員について次のようにコメントしています。

「感覚ではなく、ロジックや例に基づいて比較をするのは、私の今の基本的な意思決定のフレームワークになっていると思います。ディベートで意思決定に必要な論点整理等も、日々の仕事で役立ちます。経営者としては、その判断を伝えることも多いのですが、それは審査員のコメントに似ていると思います。審査員は意思決定ポイント、意思決定基準、意思決定の伝達という3つのトレーニングができるので、個人的にはディベートで最も教育効果が高いトレーニングは審査員だと思っています」

審査員はそもそも何をする人か

審査員の役割は、大きく次の2つに分類できます。

①その試合における審判としての役割
②その試合を通じて、スキルの上達やマインド面でのモチベーション向上につなげるコーチ・教育者としての役割

❶その試合における審判としての役割

選手は準備時間に頭を悩ませ、試行錯誤しながら考えたうえで、スピーチを全力で行ないます。皆同様に、試合の最後の瞬間まで考え、戦います。スポーツとしてのディベートの大会の参加者にとっては、初めての大会であったり、思い入れのあるチームメイトとの大事な試合であったり、切磋琢磨したライバルとの試合であったり、最後になるかもしれないという覚悟のもとの試合であったりします。

スポーツとしてのディベートでなくても、それぞれの人の背後には、何時間もの練習や試行錯誤の時間があります。ですから、審査員としても、真剣に、全力で向き合って、メモをとり、頭を悩ませ、場合によってはディスカッションを通じて審判を下すことが、選手へリスペクト

を示すことであり責任なのです。

②その試合を通じて、スキルの上達やマインド面でのモチベーション向上につなげるコーチ・教育者としての役割

審査員は、ディベーターにフィードバックを行ないます。

「どういうところがよかったのか」「どういうところが改善点か」という「現状」や、「このようにすればさらによくなるのではないか」というアドバイス・フィードバックを提供します。

「勝ち負け」がはっきりする競技である以上、「どう勝つのか？」という客観的なゴール、「論理的思考方法を身につけたい」「より視野を広げたい」のような主観的なゴールの両輪に対して、フィードバックできるとなおよいでしょう。

初心者が気をつけたほうがいいことは？

全力で真摯にノートをとり、頭を悩ませ、根拠をもって説明してくれることが、多くのディベーターが審査員に望んでいることです。

一方で、きちんとメモもとらず、上から目線でものを言ってくる人であれば、選手もカチンとくるでしょう。真摯に、全力で臨むことを意識して取り組みましょう。

審査員は選手としてうまくなるうえでの近道でもあり、選手では身につかない能力を身につけるチャンスでもあります。審査員を務めることは、成長の機会なのです。

そのうえで一番押さえていただきたいのは、ＡＲＰ（Average Reasonable Person＝平均的な理性ある個人）、ＡＩＶ（Average Intelligent Voter＝平均的な知識を有する投票者）と呼ばれるロールプレイです。ディベートのルールを成立させるうえで審査員はＡＲＰでありＡＩＶであるという前提があります。

審査員は試合中、次のようなことを意識してください。

- 個人的な嗜好や偏見に基づかない人（「個人的にタバコは廃止していいと思っているので賛成側です」「私の経験上絶対にお弁当のほうがいいと思います」という意思決定を行なわない人）
- 過度に専門的な知識に基づかない人（「大学院などの専門知識に基づいて、憲法上・民法上ではこうだから、賛成側・反対側に投票します」ということは行なわない人）
- ただし、新聞、ネットニュース等メディアで報道されている程度の知識はもっている人
- あくまで、ディベート内で生じたスピーチの論理と感情両方によって心を動かされる人（論理だけ、感情だけで動かされない。言語のうまさのみで判断しない。過度に文脈まで含めて補わない人）

審査員が試合前にやっておくこと

ぜひ、議題が発表されたあとに、試合で出てくるであろう話を予想してみましょう。自分が選手であるときのように賛成側、反対側それぞれで考えてみるといいでしょう。

場合によっては周りの人や議題を出した人に、話を聞いてみるのもいいかもしれません。

議題に関して、スマートフォン等で少し調べてもいいでしょう。この準備は、あまり知識のない議題についていきなり理解するのがむずかしい人に特におすすめです。

ただ、留意点があります。人によっては調べているうちに「思いついた話」と同じような話が試合で出ると、選手が詳細に説明していないにもかかわらず、「いい話だ」と飛びついてしまうことがあります。あくまで参考にとどめることが重要です。

また、試合で審判を下すためのメモ用紙の準備も行ないましょう。メモのとり方も人それぞれで、1スピーカーごと1枚使う人もいれば、全スピーカーで1枚使う人もいます。

ポイントは、できればディベーターが言ったことすべてを簡潔に書くこと、何が話され、それらがどのように反論されたかを書くことです。スピーチごとに色分けするのもいいでしょう。

試合中の議論の聞き方、まとめ方

試合中に行なうべきことは、大きく分けて3つあります。

第1に、まず初心者に行なってほしいのが、「今のところどちらが勝っているのだろう?」と常に考えることです。

比較的わかりやすいのは、「刺さった」話がどちらにあったかという考え方です。「その話が具体的でわかりやすかった」「反論がかなり的を射ていた」のような自分の感覚を信じて大丈夫です。

第2に、徐々に慣れてきたら、「本当かな?」「それって大事?」の2点を、常に聞きながら考えることです。これは、立論が「Why True?」×2、「Why Important?」によってつくられていることにも関係します。

私の場合は、メモをとりながら、聞いていてわからなかったところは「?」と横に書くことで対応しています。この場合は賛成側・反対側どちらかだけに厳しくなるのではなくて、両方に対して行なってください。

また、シンプルにわからず、困ってしまうこともあるかと思います。「今のはどういう意味だったのだろう……」と思っている間に、次の話に移ってしまうこともあります。その際は、そのせいで全部がわからなくなってしまうと元も子もないので、「いったん置いておく」ことをおすすめします。

逆にいい話だと思ったこと、強い話、鋭い話だと思ったものは、それもわかるようにコメントを残しておくといいでしょう。私の場合、ＳＮＳの「いいね！／Like!」のように小さく書いておくことがあります。

第3に、賛成側・反対側3人目と同じように「まとめ」てみてください。

議論は、いくつかの「論点・争点」のまとまりで整理することができるでしょう。

例えば、タバコの廃止の是非であれば、喫煙者の話、禁煙者の話、経済・社会の話かもしれません。それぞれのまとまりで、どちらに軍配が上がるのか、全体を通じてどうなのかという説明ができると、かなりの上級者です。

「比較」も大切です。比較に関しては、１３４ページの「比較にチャレンジしてみよう」を参照してください。

イメージとして近いのは裁判官の判決かもしれません。審査員の役割は難易度が高いので、徐々に慣れてもらえればと思います。

選手にどのように説明するか

勝負の結果を伝え、フィードバックを行なう際、次のような順番で話すようにしましょう。

- **試合に関する感想・総評**
- **投票結果（どちらを勝ちとしたか）**
- **投票結果の理由**

まず試合に関する感想・総評を話しましょう。

素直に感じたこと（よかったところ、気になったところ、自分だったら言えるかもしれないと思ったこと）を話します。

「面白いディベートでした」「自分が思いつかない話もあってよかったです」「お互いにAREA（主張・理由・例・主張）が説得力がありました」「〇〇さんの例が面白かったです」「もう少し具体例、E（例）がどちらにもあるとさらによいなと思いました」「他にこういう話もできるかもしれないと思いました」など、何でもかまいません。選手は第三者の視点で見れていないので、どのようなコメントもありがたいものです。

第10講
審査員の務め方① 勝敗のつけ方、理由の説明方法

次に、結論ファーストで勝敗を話しましょう。

このとき、どれくらい悩んだのかも伝えてかまいません。例えば、「すごくいい試合で、接戦でしたが賛成側に入れました」「今回は悩みに悩んだ結果、反対側に入れました」のようにです。

もし複数人の審査員がいた場合は、それぞれ1人ひとり話してもいいのですが、時間の都合上、1人が「今回は2対1で賛成側に投票しました」など説明したほうがいいと思います。

最後に、なぜその一方に投票したのかを説明してください。

初心者の審査員はシンプルに、どの話が説得力があったかを考え、甲乙つけがたい場合は、全体から受けた感覚を言語化することで、投票理由としてください。「何となく賛成側なのだけれども、なぜだろう? あ、具体的だったからか」などと、自問自答すればいいと思います。

徐々に慣れてきたら、賛成側・反対側3人目のように「まとめ」てみることに挑戦してみましょう。比較することで、うまくまとめることができます。

- 比較のパターン① 試合でのパフォーマンスを比較する(論点ごとなど)
- 比較のパターン② 一番強い話同士を比較する(片方のチームが比較していた場合はそれを勝ちの理由とし、行なっていない場合は第三者として判断する)

●比較のパターン③　議論全体の大きさで比較する（片方のチームが比較していた場合はそれを勝ちの理由とし、行っていない場合は第三者として判断する）

このとき意識すべきなのは、バチバチに戦っていた選手が納得する理由になっているかという視点です。「確かにそれなら理にかなっている……」と伝えられるかどうかを1つの指標としてください。

よくある審査員に対する不満の解消方法

審査員として「うまく説明できなかったな」と感じたり、結果に対する選手の不満を感じとったりすることもあります。

「正しく聞く（インプット）」「どちらが勝っているのか考える（プロセス）」「なぜ勝ったのか説明する（アウトプット）」の3つのうちのどれが原因でつまずいてしまっているのかによって、不満の解消方法は異なります。

選手の不満には、主に次のようなものがあります。

よくある不満❶　片方のチームにとても〝肩入れ〟したのではないか

この場合、思考のプロセスの問題なのか、説明の仕方というアウトプットの問題なのかを分けて考えたほうがいいでしょう。

思考のプロセスの問題なのであれば、あえて「賛成側に入れる理由はなんだろう？」「反対側に入れる理由はなんだろう？」とそれぞれ考えて、〝脳内ディベート〟を行なうことで精度を上げることができるかと思います。

アウトプットの問題なのであれば、「こういう観点も悩んだのですが……」のように、〝脳内ディベート〟の軌跡を説明することである程度、納得してもらえるはずです。

よくある不満② 話を結果に反映してくれていないように感じられる（選手から「○○の件についてはどう捉えましたか？」のような質問を受けた場合等）

選手からすると、時間をかけていろいろ話したつもりが、結果に反映されていないように感じられることはよくあります。

インプットの問題なのであれば、（それが言語的なものに起因しない場合は）、ノートのとり方の工夫で克服できるかもしれません。人によってさまざまですが、大きな紙を6等分にしてすべての議論を常に〝見える化〟する人もいます。私は、細かくメモをとる紙と、全体のポイントだけをまとめる紙を準備し、基本的に前者でメモをとりつつ、スピーチとスピーチの間に後者でキーワード等を書き、今どちらが勝っているのかを判断しています。

思考のプロセスの問題なのであれば、必ずノートを見返して、多くの話を勘案できているかどうか再度確認しましょう。

説明というアウトプットの問題なのであれば、スピーチで出た言葉・語彙を用いながら、「○○さんはこういう話をしました……」のように、ていねいに順を追って説明するのがよいかと思います。

よくある不満❸ 専門知識により過度に〝介入〟したように感じられる

学部や院での勉強、仕事で培った専門知識、さらには日々に接するニュースなどによって、どうしても特定の考えをもってしまうことがあります。これはある程度、仕方のないことです。

試合の勝敗を決めるにあたって、「これは過度な専門知識を用いてしまっていないか?」ということを自分に問いかけながら「自分だったら納得できるかどうか」を考えましょう。

また、アウトプットの際、「もしかしたら専門知識が少し邪魔してしまったかもしれませんが……」と断りを入れながら話すことも、相手の期待値をコントロールするうえでよいかと思います。

なお、フィードバックではぜひ、自分の知見・経験を、選手と共有してもらえればと思います。専門家の知見は、選手の知的好奇心を満たすことにもつながります。

COLUMN

レベルの高い試合の審査員をすることになったら

情報量が多い試合やレベルの高い試合の審査員をすることになることもあるかと思います。私も久しぶりに国際大会（特に世界大会）の審査をするときは緊張します。

まず、気持ちのもち方として、「意外となんとかなる」と思うことが大事です。ディベート経験が長くても、即興型ディベートの特性上、短い時間でいろいろなテーマについて話す必要があるため、毎回いい話ができるとは限りません。「同じ人間だし」くらいに考えておいたほうがいいでしょう。

テクニック面としては、普段よりも「議論の全体像」を捉えることに集中しましょう。前述したようなメモの活用はとてもおすすめです。

それと並行して「結局この話って何だった？」「一言で言うと何だった？」と自分に問いかけることを何度も行なうとよりよいでしょう。

また、むずかしいテーマのディベートだと、最低限の知識が不足していることもあるでしょう。この場合は、試合前に他の審査員の人と少し相談しながら事前知識をつけましょう。中長期的にはいろいろな調査を行なうことが必要です。

Parliamentary Debate Textbook

11th Lecture

第11講

審査員の務め方②フィードバックの方法

(Point)

▼〝サンドウィッチ〟方式でフィードバックする。
▼フィードバックでは、まずはほめてから、改善点を話す。
▼最後に、〝期待〟を伝えることで〝サンドウィッチ〟を完成させる。

フィードバックのコツ

私は「最初からうまい選手などいない、周りのサポートのおかげでうまい選手になる」という言葉が好きなのですが、これは端的にフィードバックの必要性を表しているような気がします。

私自身、自分の大学、他大学、先輩、同期、後輩、国内、海外、ディベート初見者、初心者、中級者、上級者など、さまざまな人のフィードバックのおかげで成長することができました。うまい人であればあるほど、成長意欲がある人であればあるほど、いろいろな人の話を聞い

ていま す。企業でも新入社員が、ベテラン社員が考えつかないような鋭い話をすることがあるように、幅広い人の話に耳をしっかりと傾けるべきだと思います。

フィードバックの方法としては、〝サンドウィッチ〟方式がおすすめです。まず①「よかったこと」、次に②「気になったことやその改善に向けたヒント」について話し、最後に③「今後の期待」の順で話すのです。

「ポジティブな話」「気になった点やチャレンジの話」「ポジティブな話」と、「ポジティブな話」で「気になった点やチャレンジの話」を挟むと、聞いている側は心地よいとされています。ところが人は、気になった点を中心に話してしまいがちです。

フィードバックを受けるほうも、自分のできなかったところを指摘されるのはつらいことです。だから、フィードバックをする際には、〝サンドウィッチ方式〟が大切なのです。

どうやってほめたらいいの？

フィードバックでは、まずほめるようにしましょう。

スピーチを上からなぞりながら、よかった部分を話すといいでしょう。可能な限り具体的に、「この○○という話は、このR（理由）で支えられていてよかった」「このE（例）がとても解像度が高くてよかった」「この反論は確かに相手の前提をうまく切れていてよかった」という具合に話すとします。

これをスピーディーに行なえるようにするためには、スピーチ中によかった部分に「いいね！」などと書き込んでおくといいでしょう。

「ほめる」には、①自分がシンプルに得た感情をもとにほめるパターンと、②何かしらの「基本的な考え方」や「うまいスピーチ」に照らしながらほめるパターンがあります。

①であれば、素直に「自分が思いつかなかった」「迫力がある例だった」「とても鋭い反論だと思った」などのように、思ったことを率直に口にしましょう。

②であれば、例えばこの本にも書かれているような「ＡＲＥＡ」「Why True?×2」「Why Important?」の型など、多くの基本的な考え方に照らして話すのも効果的です。

また、ご自身が過去にご覧になった試合、ニュースで見たアイデア、フィードバックでもらった話などを引き合いに出してみることも有効です。

どうしてもほめることがむずかしいときは、「初心者」目線になってみましょう。あなたが初心者だったとき、周りが初心者だったとき、どれくらいできたかを考えてみるのです。

初心者は、思ったことがうまく言えなかった、ということがよくあります。その際は、「どういう話をしようとしていたんですか？」と問いかけながら、その話に対してフィードバックするという形もいいと思います。そんなふうに問いかけてみると、大変いいアイデアをもっている人が少なくありません。

第11講
審査員の務め方② フィードバックの方法

改善点の指摘ってどうやるの？

ディベートを行なっている人々のニーズはさまざまですが、みんなせっかくだからうまくなりたい、勝てるようになりたい、と考えているはずです。そんな人たちのために、審査員は可能な限り、改善点を指摘してあげるといいでしょう。「こうすれば勝てたかもしれない」という審査員の具体的な言葉は、非常によいヒントになります。

具体的な改善方法が思いつかないこともあると思います。国際大会でも改善点の指摘は必要条件ではありません。

その際は「改善点までは今、私も思いつかないのですが……」とワンクッション置いて話すといいでしょう。

気になった点やチャレンジに言及する場合は「基本的な考え方」や「うまいスピーチ」に則ることが有効です。具体的には、この本に書かれているような「AREA」「Why True?」のような原理原則に則って話せば説得力が増します。その試合中、もしくは名試合でお互い知っている話があれば、それらに言及するのもいいでしょう。

誰でも、できなかったことを言われるのはつらいことです。そのため、相手の感情をケアし

Part 3

ながら言うことが大切です。一方的に「全然だめです」のような言い方は避けましょう。

当たり前ですが、選手の人格とは切り離して話すことです。また、I message(主語を〝私〟にすること)で話すことも有効です。

「今回のラウンドでは○○と言ってくれたのですが、それは残念ながら××だと私は思ってしまって、ここまで説明があればさらに評価を上げられたのですが……」のような思慮のある言い回しを意識しましょう。

最後に期待で締めよう

サンドウィッチを完成させるために、最後には改めてほめたり、期待を述べたりしましょう。

「いろいろ偉そうにお話しさせていただいたのですが、最初にお話しした○○や××の点はとてもよかったと思います」のように、再度、最初に言ったことを繰り返すのでもOKです。

また、過去に試合を見たことがある選手がいた場合、「過去の試合」と比較した話もできるとよりよいでしょう。他大学の先輩で、とても教えるのが上手な人がいるのですが、その人が前の試合もよく覚えてくださっていて、「前よりR(理由)をつけるのがうまくなったね」とほめてくださったことが、とても嬉しかったのを今でも覚えています。

最後には、選手への期待を述べてください。

企業では「3K」が大事だとされています。「期待する（Kitai）、機会を与える（Kikai）、鍛える（Kitaeru）」の頭文字をとったもので、そのように部下を育成することが重要だということです。この中でも特に、「期待」は人を成長させます。「次の試合も楽しみにしています」というような言葉で締めることができると、とてもいいでしょう。

COLUMN

審査員がうまくなるためにはどうすればいい？

選手と同様、審査員も練習が必要です。本質的にはインプット(正しく聞く)、プロセス（どちらが勝っているのか考える)、アウトプット（なぜ勝ったのか説明する）のどれが問題なのかを特定しながら練習すると効果的です。いくつかの小技を紹介しましょう。

●試合が終わったあとに、選手や他の審査員からフィードバックをもらう

ディベートの審査員は、神のような「絶対的な存在」ではありません。少なくとも、スポーツとしてのディベートでは、選手と同様、鍛錬し上達することが必要だと言われています。事実、多くの大会では審査員も選手から評価され、評価の高い審査員が決勝トーナメントに進出します。また「最優秀個人賞」のように、「最優秀審査員賞」もあります。「勉強中なのでいろいろ教えてください」とフィードバックをもらいましょう。

●少しむずかしい試合を、ゆっくり、繰り返しながら聞いてみる

少しむずかしい試合の録音音声やビデオなどを準備し、１人目のスピーチが終わったタイミングで一度止めて、メモをとってゆっくり考えたり、場合によっては何度も繰り返し聞いたり、スピーチの途中途中で止めながら練習するのがおすすめです。この練習を何人かと一緒に行なうのもいいでしょう。

12th Lecture

第12講

審査員の実践　実際に一緒に審査員をしてみよう

(Point)

▼サインポストがきちんとされているかを確認する。
▼AREAに沿って、論理的に話されているか注意する。
▼論理的に、感情的にわかりやすいか傾聴する。

実際に審査員をしてみよう

ここでは、第3講（70ページ）の「即興型ディベートの試合を実際に見てみよう」の試合を題材に、審査員が実際にどのような点を見て審査すべきかを述べていきます。

まずは第3講の試合に目を通して、自分であればどのように勝敗をつけ、フィードバックをするか考えてから、この講を読むといいと思います。

第3講の試合から発言内容をピックアップし、それぞれにコメントをしているので、1つひ

Part 3

とつ、自分ならどう考えるかを検討してみてください。

続けて、審査員の勝敗の説明、フィードバックの方法の例をご紹介いたします。

賛成側1人目の実況中継

大人であろうが子どもであろうが、1人ひとり、好き嫌いやアレルギーなど、さまざまな事情から食べたいものが違うというのが実情だと思います。したがって、私たち賛成側は、特に小学生にとっては、給食よりもお弁当のほうがいいと主張します。

まず、最初の一言がいいと思いました。「大人であろうが子どもであろうが」という表現は、ダブルスタンダード〈二重基準〉があることを示唆しているので、共感を呼びやすい表現です。

理由は、大きく2つあります。1つ目は、子どもの1人ひとりのニーズに合わせることができることです。2つ目は、家族内のコミュニケーションを円滑にできるという点があります。私は1つ目の点に関して説明します。

次の「サインポスト」もわかりやすいと思いました。強いて言うと、もしかしたらこの時点

第12講
審査員の実践　実際に一緒に審査員をしてみよう

では、ニーズという言葉がどういうことか、聞いている人がわからない可能性があります。また、家庭内のコミュニケーションの話が一見お弁当の話から遠いように感じるので、もう少し説明するとよかったかもしれません。

お弁当のほうが、子ども1人ひとりのニーズに合わせた食事をすることができます。なぜなら、保護者が自分の子の事情に合わせた食事を準備することができるからです。私たちも、1人ひとり違います。特に食事という毎日欠かさずとる必要があるものに関しては、まさに十人十色です。

1つ目の議論に関してはスタートもいいですね。特に、AREA（主張・理由・例・主張）の型を意識して説明してくださっています。このような身近な議題の場合、A（主張）からE（例）にすぐ飛んでしまうこともあるのですが、「保護者が自分の子の事情に合わせた食事を準備する」という理由があることから、給食との差があることを暗示しています。給食のほうでは、保護者による柔軟性があまりないのだということが推察できます。

また、改めて冒頭の大人と一緒だという印象に残った表現を再度強調しているのも好印象です。十人十色、のような表現がさらっと出てきているのも素敵です。「食事ならでは」の話に踏み込んでいるのも説得力を増しています。

Part 3

代表的なのは好き嫌いの違いです。肉が好き、魚はまだ苦手というようなわかりやすいものから、野菜でも、ニンジンは食べられるけどピーマンはまだ食べられないということもあるかと思います。また、味つけの違いもあります。濃い味つけがいい、薄味がいいというのは家庭ごとに違います。

アレルギーの観点も見逃せません。実は私も幼いときに卵アレルギーがあって、卵を抜いて食事をつくってもらうことがありました。卵に限らず、乳製品であったり、えびなどの甲殻類であったり、人によっては食べることができないものもあるかと思います。

さらには、宗教上の理由も考えられます。イスラム教徒の方々は豚肉や料理酒などに含まれるアルコールを摂取することができないため、対応が必要であることが静岡市で議論になっているとニュースで見ました。

例がいくつか出てきましたね。少し急に来たのでノートをとりづらい部分もあったかもしれません。1つひとつの例が具体的に話されている（肉・魚、卵アレルギー、ムスリム）のでわかりやすいと思います。

ただ、最初の味つけの話は「個性が出てくるので、それに合わせた食事を出すことができます」のように、明示的にもう一言あってもわかりやすいかもしれません。ただ、解像度の高いE（例）であることは間違いないでしょう。自分の例や実例を交えているので聞き入ってしまいます。

このように、好き嫌いであったり、アレルギー、さらには宗教上の理由などで何を食べたいか、食べられないかというのは、まさに多種多様だと言えるのではないでしょうか。そして、それに合わせることができるのは、家族がつくるお弁当なのではないでしょうか。

AREAで言うところの最後のA（主張）までしっかり話し切りました。改めて好き嫌い、アレルギー、宗教というE（例）の3つをカバーしてくれたのでわかりやすかったです（フィードバックでは3つだと明示的に言うこともあり得るかも、と思いながらメモを書き進めます）。

一方で、給食の場合、学校が多くの生徒に向けて準備するため、1人ひとりに合わせた食事は準備しづらいのではないかと思います。1クラスだけでも30人ほど、1学年が2〜3クラスで6学年分の生徒がいます。全員に合わせることはむずかしいと思います。

「一方で」と話しながら「Why True?」の2つ目のAREAのほうに入りました。ここまで型に忠実に話している印象です。また、ここでは数字の部分まで強調しながら話せているのでイメージしやすいですね。

好き嫌いがあったり、アレルギー、宗教上の理由があったとしても、どうしても均質的な対応になってしまうのではないかと思います。

3つの例の裏返しをここでも強調しているのはいいですね。わかりやすいと思います。

このように、1人ひとりに合わせることができるのがお弁当です。子どもが毎日つかの間の休憩になる昼休み。そんなときに、午前の疲れを癒し、午後からも頑張ろうというタイミングの昼ご飯は、1人ひとりの憩いの時間になるほうがいいのではないかと思います。大人たちは、食べたいものを食べるということが当たり前になっています。大人も子どもも変わらないのではないかと私たちは思います。

もう少し2つ目の「Why True?」のAREAは話すことができたかもしれません。宗教上の理由で食べられない、残すことになってしまう、というような〝負〟の話を強調してもいいかもしれなかったですね。

ですが、最終的に「Why Important?」の話を入れました。「憩いの時間になる」ということを感情に訴える形で話すことができています。ただ、アレルギー、宗教のように、給食でもっと困ること（負）がないままで来てしまったので、少し説得力に乏しかった点が惜しかったと思います。

全体を流してみると、「大人と子どもは一緒であるべきでは？」という根本的な問いかけをもとに、1人ひとりの実情やニーズに合わせるべきという強い話が展開されていました。

お弁当のいい部分は1つ目の「Why True?」でよくわかったものの、2つ目の「Why True?」で給食の悪い部分にさらに踏み込んで説明するとよりわかりやすいとは思いました。

ただ、総合的にはいいスピーチだと思います。相手がしっかり反論しないといけないなと感じました。

反対側1人目の実況中継

私は、よそはよそ、うちはうち、と言われて育ちました(笑)。大人と子ども一緒じゃないかという話は確かにそうかもしれないです。それでも、大人は大人、子どもは子どもなのではないでしょうか？　私は、給食のほうがよりバランスのとれた食事が準備できることから、給食のほうを推したいと思います。

ユーモアもあっていい「つかみ」だと思います。また、相手の根本的な話に対しても「違うのではないか」という問いかけから入っており、とても引き込まれるスタートだと思います。

反対側のチームとして、主に2つ話したいと思います。1つ目が栄養の話。2つ目がいじめの話です。どちらも重要だと思っています。

こちらもしっかりサインポストをしていていいですね。栄養、いじめと、キーワードのみというスタイルで、こちらもわかりやすいです。

ではまず反論させてください。1人ひとりに合わせた食事ができる、特に好き嫌いやアレルギー、宗教上の理由があると聞きました。
まず、好き嫌いというのは、よほどのことがない限り直していくことのほうが重要ではないかと思います。子どもが食べたいものだけ食べるというふうにすると、栄養が偏ってしまいますよね。子どものときだからこそ、好き嫌いを尊重するよりも、栄養を重視することのほうが大事な気がします。

「相手が言ったこと」+「反論のＡＲＥＡ」のセットでうまく話せているので反論がわかりやすいですね。「Why Important?」に対する反論をしているように思えます。

第12講
審査員の実践　実際に一緒に審査員をしてみよう

ただ、直接自分の議論をぶつけているようにも感じられてしまうので、早く切り上げたのは戦略的ですね。この時点では、「好き嫌いの話は何となく大事じゃないのかも？」という疑問を投げかけられた程度で、まだ賛成側の話は残っているような印象です。

アレルギーや宗教に関しては、おっしゃる通り重要だと思います。私も子どもがアレルギーをもっていて、ひどいときだと皮膚がただれてしまうのでよくわかります。

宗教もそうです。今同僚の1人がまさにイスラム教徒で、日本では特にハラールの食事が少なく困っているという話を、ちょうどこの前も聞いたところでした。

一方で、これらは時間はかかるものの、学校や自治体が必要に応じて柔軟対応を行なっている部分だと思います。陳情というような形で親や保護者が訴える内容は、必ず学校や自治体に声として届き、反映されていくものですし、山田さんがおっしゃってくださったような静岡の例も、テレビや新聞で報道されているくらい注目を集めてきています。

「食べることができないものは食べなくていい」と指導したり、うちの学校の場合は診断書等を出せば、例えばプリンの代わりにゼリーを出すことができますし、卵の場合は除いて出すことができたりもします。

このように、学校や自治体が、柔軟に、きちんと対応してくれることは見逃せないんじゃないかと思っています。足りない部分は、しっかり直していきましょう。

相手の話をうまく踏まえながら、キャッチボールのように反論しています。ここでのポイントは、1つひとつの例にも細かく理解をしているところと、反論を特にAREAで行なえている部分になります。

「Why True?」の2つ目の部分（給食だとだめな部分）に対して反論しています。感触としてはE（例）の解像度をしっかり高めて、プリンとゼリー、卵の例もされているのでわかりやすいです。「完全に相手の話を切り切った」というような爽快な反論ではありませんが、アレルギー、宗教の話は、少し弱められたようです。相手が言っていない2つ目の「Why True?」のR（理由）の前提について話す反論なので、ある程度の効果はあります。

次に、栄養の話です。
何より、給食のほうが栄養のバランスがしっかり考えられていることから、子どもの健康にとっていいと思います。

A（主張）の話はわかりやすいですね。

給食はプロの人が考えてくれます。プロの人がやっぱりすごいなと思うのは、ご飯やパンだけではなくて、魚や肉、サイドの野菜サラダを、見た目もきれいに食事を準備してくれることです。最近娘にお腹が出てきてしまったとよく言われてしまうので、糖質ダイエットをしているのですが、改めて給食の献立を見ると、ふむふむ、よくできているなと。私も食べたいと思いました。カロリーや脂質など、すごく気を遣われている。その結果、よくバランスがとれている、健康的な食事になっているなと。

自虐ネタは少し笑っていいのか悩ましいところですが、ユーモアを交えて話してくれています。この中で、カロリー、脂質の話が出ています。魚と肉と野菜のようなバランスを想像できる単語もあるのでイメージしやすいと思いました。「Why True?」の1つ目は、わかるレベルで話されていました。

一方で、お弁当は、毎回そこまで考えることはむずかしい。私も忙しいときはどうしても大雑把な料理になってしまいます。私がお弁当をつくるときは、昨日の夜に食べた豚肉の生姜焼きをそのまま入れたり、どうしてもたまに冷凍食品になってしまったりします。

もちろん冷凍食品が悪だと言いたいわけではありません。最近のものは栄養も含めてよくできているし。私が言いたいのは、家庭によってはどうしても十分に準備できないことがあるということです。

教育熱心であったり、栄養に関してしっかりされている家庭もたくさんあると思います。一方で、そうでない家庭も残念ながらある。それを平日は毎日準備しないといけない。それであれば、給食にお願いするのがいいんじゃないかと思います。

２つ目の「Why True?」に関して、プロと違い、素人は忙しいがゆえに栄養に配慮しきれないという話をしています。全員が全員教育熱心なわけではないので、忙しいときは手抜きをしてしまうというのはわかりやすい分析ですっと入ってきます。「プロ」と「アマ」のような反対語を使うと、よりわかりやすく伝わったかもしれません。

冷凍食品＝悪というわけではないけれども、と配慮しながらスピーチしてくださっているのは好印象ですね。

なぜ栄養が大事か。チームメンバーとも話していたんですが、「良薬口に苦し」じゃないですが、やっぱり身体にいいものをとるほうが、将来のことを考えるといいんじゃないかなと。

よそはよそ、うちはうち、と言いましたが、子どものときは特に一食一食が重要だなと思うんです。やっぱり子どもは可愛い。すくすくと健康に育ってほしい。そのためには、プロの方の知見にお任せしていきたい。大人なら自分の責任だと言えるかもしれないけれども、子どもは食事を選べない。それだったら、子どもの口に入れるものはいいものにしたい。そう思います。

「Why Important?」にも言及しています。ただ、将来の健康がなぜ大事なのかというところは、やや感情論のみに走っている印象があります。もちろん説得力はあり、一般常識に照らし合わせてわかりやすい話なのでいいのですが、ロジカルな分析もセットであると、なおよかったと思いました。

全体を見てみると、反論・立論ともに基本に忠実ないいスピーチで、雰囲気もあってとてもよかったと感じました。

しかし、相手の話を考慮し、相手の主張を弱めてはいるものの、しっかりと勝ちを得るほどではないように感じました。賛成側の「お弁当は1人ひとりに合わせられる」という主張も、反対側の「健康」についての主張も、どちらもわかるという感想をもちました。

賛成側の「1人ひとりに合わせることができる」という話に対し、「全員がそうではない」と反論しているので、相手側の前提を切りに行っていると思いました。しかし、それを明示的に行なっているわけでも、そこにたくさん時間を使っているわけでもないことから、どちらが勝つかは、この時点では僅差であると言えます。

賛成側2人目の実況中継

とても面白い試合ですね。私は3つ、話したいと思います。

第1に、田中さんがおっしゃった栄養と健康の話。第2に、個別の好き嫌いやアレルギー、宗教等の話。第3に、家族内のコミュニケーションの話です。

サインポストから入っているのでわかりやすくていいですね。少し気のきいた一言があるとさらによかったのでしょうが、やや劣勢の可能性もあると見て、すぐに内容に入ったようです。

では、早速1つ目の栄養と健康の話です。

プロのほうがバランスよく栄養に関して準備できると聞きました。プロは確かにプロです。一方で、それは家庭が劣るというわけではないと思います。

最近はあらゆるSNSをはじめとしたインターネットのおかげで、栄養に関していろいろ知ることができます。「健康」「レシピ」などでインターネットで調べると、レシピがたくさん出てきます。ここでさらに「ラクチン」「時短」のようなキーワードを入れればなおさらです。スポーツ選手のための食事はむずかしいかもしれませんが、一定レベルの栄養であれば、十分家庭でもクリアできると思います。

まず、プロとアマは違うという前提を踏まえつつ、その差がそこまで大きいわけではないということをうまく伝えています。「最近は」という話で「Why True?」に関して忠実に反論しており、ある程度そうかもなと思え、相手の話を弱めているとは思います。

また、むしろ健康の観点からしても、お弁当のほうがいいと言えます。というのも、好き嫌いの克服のタイミングやパターンをうまく見極めることができるからです。

例えば、肉は好きだけど玉ねぎは嫌いという子どもであれば、大好きなハンバーグに、細かく刻んだ玉ねぎを入れることで「食べることができた」と最初の一歩を踏み出せるかもしれません。

家によっては、実はうちもそうでしたが（笑）、ピーマンを食べることができたらお菓子を買ってくれるというような家庭内ルールがある場合もあります。こういう柔軟性も家だからこそできます。なので、実は栄養に関してもお弁当のほうが実現できる部分は大きいのではないでしょうか。

こちらは1つ目より強い反論です。「むしろこちらのほうがいい」と反論しており、健康に関しては、実はお弁当でも実現できると話すことができています。少し気になるのは、「とはいえ、忙しい家庭でもできるの？」という疑問が消えない点かもしれません。

次に、2つ目の好き嫌い、アレルギー、宗教についてです。

好き嫌いに関しては少し話しました。私たちが思っているのは、決して嫌いなものを嫌いなままにしておこうというわけではありません。克服できる部分は克服していきたいと思っています。

　田中さんがおっしゃってくださったように、親や保護者の方も子どものことを大好きに思っています。なので、どうしても克服すべき好き嫌いは、克服していくように仕向けるかと思います。先ほどのハンバーグに玉ねぎ作戦のようにです。

　一方で、あらゆる手を尽くしても、今は無理だ、というようなものがどうしても残るはずです。子どものときは苦い食べ物とかは特に嫌いです。私もそうでした。例えば、レバー。給食に出てきたとき、「残さず食べなさい」と言われましたが、あの独特のにおいはどうしてもだめです。いまだに、だめです。大人でも食べることができないものはあるかと思います。


　アレルギーや宗教の話も重要です。時間はかかるものの変わっていくものだというご指摘は確かに頷けます。

　一方で、特に少数派であればあるほど、なかなか変わっていきづらいのも事実です。イスラム教徒の例は氷山の一角でしょうし、他にもいろいろ食べられないものはたくさんあるかと思います。特に宗教的な理由は、身近でないと理解されないこともありますし、少数派の声というのも「どうしても全体のことを考えると……」「個別対応しているときりがないもので……」と言われてしまうかもしれません。クレーマーと思われることもあるでしょう。

改めて、みんな違ってみんないい、ということを体現していけるといいのではないかなと思います。

相手が反論しきれていない部分を、しっかり再度補強しているいい再反論だと思います。特に、クレームと思われかねないため、声も出しづらいということを、少数派であるがゆえのむずかしさとセットで話しているため、この話は守りきっている印象です。

最後に、家庭内のコミュニケーションについて。
私は、お弁当は一種のコミュニケーションになると思っています。特に言葉だけでは言えないこと、忙しいときに話せないこと、思春期のときに直接言えないこと、そんなことも込められるのがお弁当なんじゃないかなと。

最初の段階ではわかりづらかったコミュニケーションの話を、「弁当＝コミュニケーション」という面白い切り口で話しています。

お弁当は、つくり手からのメッセージなんじゃないかなと思います。例えばちょっと元気がなさそうなときには、好きなものを多く入れてあげて元気を出せというメッセージを。誕生日には少し奮発した、ちょっと美味しい牛肉などの料理を。受験シーズンは縁起をかついだカツを。喧嘩をした次の日は、仲直りのしるしに好物を。場合によっては、ちょっとした一言、「頑張れ」などのメッセージを入れられるかもしれない。お弁当は、そんなほっこりとしたコミュニケーションができると思います。

そしてそれを完食するのが、メッセージへの答えになると思います。送られてきた手紙を返すような感覚です。

給食だとそれはしづらいです。1対1のコミュニケーションではなく、1対大勢のコミュニケーションだからです。

こちらは1つ目の「Why True?」を感情面にアピールしながら話しており、引き込まれます。誕生日、受験日など、共感しやすい話なのが好印象です。

2つ目の「Why True?」はもう少し説明があってもいいかもしれませんが、1対1、1対大勢というキーワードを使うことで際立たせており、効果的です。

お弁当でのコミュニケーションというのは、ちょっとしたことかもしれません。日々、積み重なるものです。普段口では言えなかったことを言える絶好の機会でもあります。そんな機会があっていいんじゃないでしょうか。

なぜお弁当でのコミュニケーションがいいのかということを、非言語的なコミュニケーションであることと、それが日々の積み重ねでもあることがセットで話されており、「Why Important?」がわかる形になりました。

総じて、相手の健康の話を大きくもち込み、試合をぐっと賛成側に引き寄せました。また、宗教について相手が反論しきれていない話をしっかり補強したことも好印象です。

最後のコミュニケーションの話も、感情にうまく訴えかけていて説得力があります。現時点では、賛成側が少し優位かもしれません。

反対側2人目の実況中継

賛成側がおっしゃってくださっている話は確かに頷けます。1人ひとりに合わせることができる、場合によってはそれがコミュニケーションにもなるというのは100％その通りです。

一方で、現実的に考えると、いろいろな人がいる社会において、そのような場合だけではなく、栄養バランスを損なってしまうケースもありますし、後ほどお話しさせていただくように、いじめにつながってしまうケースもあります。理想と現実の対立かもしれません。私は、現実主義に清き一票を投じていただきたいです。

こちらも、相手の話をしっかり受け止めたうえでの対応で、好印象です。「理想」と「現実」というわかりやすい対立軸を見える化することで、議論をシンプルに捉え直しています。

2つ反論して、最後にいじめの話をしたいと思います。

こちらも、サインポストをしっかりしていていいですね。

1つ目は、最後におっしゃっていただいた家庭内のコミュニケーションの話。確かに家庭内のコミュニケーションになることはその通りです。論点は、それが吉と出るか凶と出るか、つまりよいコミュニケーションになるか悪いコミュニケーションになるかだと思います。

前提として時間があり、お互いのことをしっかり考えてくれる場合のみ有効だと思います。余裕がない家庭、例えば共働きで時間がなかったり、大家族の場合だったり、もしくはシングルペアレントの場合、毎回十分に時間をとってコミュニケーションができるでしょうか？　また、喧嘩した次の日におかず抜きというある種の「仕返し」のコミュニケーションがされてしまったらどうでしょう？　また、せっかくつくったご飯が残されてしまったとしたら？　そういった場合、逆効果になってしまうのではないかと思います。

しっかりとＡＲＥＡで成り立たせている反論ですね。

お弁当＝コミュニケーションであることは否定せずに、それが逆効果であるという「Why True?」への反論をしています。

特にお弁当＝コミュニケーションという等式は反論しづらいと思うので、それが「むしろ悪くなる」という部分を選んだのも戦略的です。

余裕がない家庭がかなりあることを具体例を交えて話しているのもわかりやすいですね。「いついいコミュニケーションができるのか」という前提を覆すいい反論だと思います。

　２つ目は栄養に関して。ＳＮＳなどで探せる、時短もできるとありましたが、これも比較論として余裕がある場合だと思います。また、料理が苦手な人もいます。そういった場合、餅は餅屋ではないですが、頼める人に頼んだほうがいいのではないかと思います。
　また、別の観点ですが、こういった家事・育児というのは、一部の国や地域においては女性に負担が偏ってしまうこともあげられます。賃金が支払われない影の仕事という意味で、シャドウワークとも言うようです。確かに、「子どものために頑張りたい」という思いはあるかもしれませんが、現実的にできないということがあることから、栄養に関してもプロに任せるほうがいいかと思います。

こちらもＡＲＥＡの型に沿ったいい反論です。

最初に導入部分で話していた「理想」と「現実」の対立軸に基づいています。なお、シャドウワークの話はとても面白い議論ですが、もう一声二声あるほうがより効果的かもしれません。ややA（主張）のみに限定される「投げっぱなし」状態になっているとも捉えられます。

最後に、いじめに関して話したいと思います。

給食では、全員が同じものを食べるということから、いじめが起きづらいと思います。全員が平等、画一的であると、比べるということが発生しない。変にいじめのネタになりづらいのが給食のいいところだと思います。

一方で、お弁当では、どうしても家庭ごとに差が出てきてしまう。先ほど反論でもお話ししたように、いろいろな家庭があります。キャラ弁をしっかりつくることができる家もあれば、そうでない家もある。手づくりでこれは本当に時間をかけたなと一目でわかる色とりどりのお弁当もあれば、ああ、とりあえず何かを詰めたんだなとわかるお弁当もある。これが実情だと思います。

特にお弁当のつくり手同士からすると、「あの家には負けたくない」というようなプライドも出てきます。その結果、どんどん競争が激しくなってしまうことも予想されます。

これがなぜ問題かと言うと、結局「いいお弁当」と「悪いお弁当」の差が出てくると、それがいじめのきっかけにもなり得るからです。その差から、それがその家庭と紐づけられたいじめとかになってしまうかもしれません。そうなると、お弁当を食べる時間が楽しい時間ではなくなってしまいます。

特に日本においては、集団で横並びにすることで、あえて同じようにしていると思います。制服が一緒なのは、その最たる例です。私服にしてもいいんじゃないかという意見もあるかもしれませんが、それだと家庭の事情が反映されてしまう。なので、みんな一緒にしておくほうがいいのです。

御拝聴、ありがとうございました。

反論の話ともうまく絡めた「Why True?」×2のあとの「Why Important?」で非常にわかりやすい議論だと思いました。

いろいろな家庭があるのは不可避であること、それがいじめというネガティブな問題も生じさせる可能性があることを話しています。「あえて横並びにしていることでいじめを防いでいる」という、教育の在り方自体にも踏み込んでいます。

賛成側は負の感情に訴えきれなかったこともありますが、総じて相手の前提をしっかりと突き、「なぜ悪いのか」を見せきって試合を反対側に引き寄せたと思います。

反対側3人目の実況中継

いいディベートになりましたね。大きく論点は3つあったかと思います。

1つ目が、主に健康をとるか、好き嫌いをとるかです。

2つ目が、家庭内の話。これは特に賛成側のコミュニケーションの話です。

3つ目が、学校内の話。特に反対側のいじめについてです。


サインポストがわかりやすくていいですね。


まず1つ目に関して。

アレルギーや宗教に関しては徐々に対応していくという話になったかと思うので、主に好き嫌いについてです。お弁当のほうが、嫌いな食べ物をうまく克服できるのではないかという話でした。

私たちもそれはそうだと思うのですが、給食のほうがいいと思います。なぜなら家庭によってやる気であったり、専門知識、場合によっては費やすことができる時間などに差が出てきてしまうからです。

やっぱり健康な体であればあるほどいいと思います。体が資本です。多少好き嫌いがあって食べられないことがあっても、長期的な健康を考えれば、炭水化物、脂質などをバランスよくとっていくほうがいいのではないでしょうか？

強い話であるアレルギーや宗教に関してあえて時間をとらずに、「好き嫌いなのか・健康なのか」の2つで対立軸を見せようとしています。そして健康の重要性を再度強調していますね。栄養について具体例を再度話しているのもいいです。

2つ目に家庭内のコミュニケーションに関して。これも、私のチームメイトの松井さんがしっかり話してくださいました。手段としてのお弁当のメリットはわかるものの、結果としてコミュニケーションがよくなるか悪くなるかはわかりません。悪くなってしまうリスクがあるのなら、そのリスクはとらないほうがいいと思いました。

チームメイトの話を改めてしっかり押している話で、よいと思います。

最後に、いじめに関して。あえて横並びにするほうがいじめが起きづらいという話はとても重要だと思います。ちょっとしたことでいじめにつながってしまい、それは子どもた

Part 3

ちの心に傷を残してしまいます。それを1%でも回避することが重要だと考えています。
以上でスピーチを終わります。ありがとうございました。

いじめの重要性についても話しています。「1%でも回避することが重要」という話が、感情面に訴えています。
強いて言うと、このいじめの話はとてもいい部分でもあるので、より時間を使うほうがよかったかもしれません。

賛成側3人目の実況中継

私は日本が大好きです。一方で、日本の教育について、集団を重んじるあまりに、個人がないがしろにされてきたとも思っています。給食というのは、実はその教育の在り方そのものに対する問いかけなのではないでしょうか。

教育とはそもそもどうあるべきかという深い話に、皮肉ではなく真正面から切り込んでいますね。

第12講
審査員の実践　実際に一緒に審査員をしてみよう

まず、反対側の最後の話であるいじめの話をしたいと思います。いじめは起きるかもしれませんが、これは先生のファシリテーションやディスカッションの問題だと思います。私も、しっかりと生徒を叱ったり、諭したり、説明したりします。
むしろ今のうちに、しっかりと違いがあって、それでいいのだと、認め合う社会をつくることが重要でしょう。また、むしろ違いがあるからこそハラールのような異文化理解などにもつながるかもしれません。違いはいいことなんです。

いい反論だと思います。ただ、AREAで言うところのR（理由）やE（例）が少し薄いと思います。
異文化理解につながる話などは特に薄い気がするので、しっかりと反論しきれていない印象が残ります。「家庭間の差異」の問題が、まだ残っているように思えます。

論点は、大きく2点あると思います。いじめや栄養の話と、ダイバーシティの話です。いじめや栄養に関しては、どちらも重要です。私たち3人が伝えたいのは、いじめや栄養の観点からも、お弁当のほうがいいということです。いじめに関しては、先ほど申し上げた通り、異文化理解にもつながるかもしれません。栄養に関しても、親がタイミングや好き嫌いを見ながら徐々に克服できるということに関しては、直接的に反論がなかったよ

Part 3

うに思えます。

反論がなかった部分を強調するというのは、王道でいいですね。

そしてそれ以上に重要なのがダイバーシティの話です。
最初に申し上げた通り1人ひとりが違う。大人も1人ひとり違う。子どもも1人ひとり違う、まさに十人十色だというのは山田さんから説明させていただきました。集団ではなく、個人が重要です。
アレルギー、宗教、好き嫌いなど、1人ひとりによって違います。給食では、それを1人ひとりに合わせることはできません。なので、これをきっかけに、お互いがお互いを認め合う、真のダイバーシティを受け入れることを、教育から始めませんか?

感情に訴えかけるいいスピーチだったとは思います。
しかし一方で、反対側の「家庭による差異がある」という前提に切り込みきれていない印象を受けました。

勝敗の説明〜フィードバック方法の例〜

審査員

いい試合をありがとうございます！　主審の加藤と申します。

まず試合の感想や総論としてのフィードバックを話したあとに、勝敗をお話しし、その理由を説明したいと思います。


最初の感想として、いい試合であり、かつ接戦であったと思います。

どちらのチームも非常に基本に忠実でわかりやすいスピーチだったと思いました。立論に関してはどれもＡＲＥＡの型で抽象と具体のバランスが素晴らしく、いくつかの具体例は本当に共感しましたし、「確かに」と思いました。

また「Why True?」「Why Important?」の両方をしっかりとバランスよく話せていると思いました。

反論に関してもコンパクトに、ＡＲＥＡに則って話せていると思いました。

そして、何よりも皆さんの〝想い〟が乗っているなと感じ、聞いていて楽しい試合でした。

全員に共通するアドバイスとしては、「Why True?」を説明する際に、「よい」ということは非常によく話せていたのですが、「悪い」という話が、場合によっては時間配分がうまくいかず、十分話せていなかったと思います。

どちらかの意見に時間をかけすぎてしまった場合は、チームで埋めに行くと、なおレベルの高い試合になったのではないかと思います。

悩んだのですが今回は、反対側に入れました。

一言で言いますと、賛成側の話も当然よくわかったのですが、反対側の「親が必ずしも賛成側のように時間があるとは限らない」という分析が、賛成側の好き嫌いやアレルギー等を1人ひとりに合わせる話やコミュニケーションの話の前提にうまく対応した結果、いじめの話や栄養の話に、より説得力をもたせることができたと思ったからです。

争点としては大きく、①1人ひとりのニーズに合わせる話（特にアレルギー、宗教）、②コミュニケーションの話、③好き嫌いの話と栄養の話、④いじめの話があったと思います。

1人ひとりのニーズに合わせるというお話では、山田さんからすごくていねいに話がありました。一言目から「大人であろうが子どもであろうが一緒だ」という趣旨のお話を積極的に展開され、好き嫌い、アレルギー、宗教の話を、具体例を交えて話されていました。

アレルギー、宗教に関しては結論的に「給食で対応できないケースもあるかもしれない」というレベルに弱められ、ある程度は変わり得る部分もあるという話も考慮しました。

次に、鈴木さんからていねいに、「お弁当の場合はいいコミュニケーションができる」という話があったのですが、松井さんから「悪いコミュニケーションにもなり得る」という反論がありました。忙しい家庭の例をしっかりと話されていたので、その可能性を感じました。

好き嫌いと栄養の話は、甲乙つけがたいと思いました。好き嫌いが生じてしまうことと、健康の話が対立していたと思うのですが、どちらも一理あり、こちらの争点は勝敗には大きくは影響し得ないと判断しました。

最後にいじめの話ですが、松井さんから忙しい家庭の話や家同士の競争という問題提起がありました。ジャクソンさんからの反論もあったのですが、ファシリテーションやディスカッション、異文化理解の話がもう一声ほしいという印象でした。

どの話にも根底にあるのは、親や保護者が時間を十分に使い、いいお弁当をつくれるのかどうかだと思います。それが結局、好き嫌いやアレルギーへの対応、コミュニケーションやいじめなどにつながるのでしょう。

この点に関して、反対側は特に2人目の松井さんが強調してくださった通り、「共働き」「シングルペアレント」「大家族」「料理が苦手な人」がいると具体的に話してくださっていました。

これらのことを総合的に考慮して、今回は反対側に軍配が上がると思いました。

繰り返しになりますがとてもいいディベートでしたし、今回は僅差でした。

改めて、今日はいい試合を、ありがとうございました。

Part 4

「ディベート力」を鍛える練習方法

Index...

Parliamentary Debate Textbook

13th Lecture

第13講

ディベートの練習方法
～1人で行なえるものからチームで行なうものまで～

(Point)

▼審査員に強みや弱み、改善点を聞いてスキルアップする。
▼ディベート・ノートをつくってコツをまとめる。
▼「プレパ練」と「スピ練」にチャレンジする。

練習は試合以外でも行なえる

当たり前に聞こえるかもしれませんが、「練習は試合だけではありません」。

多くの人は「とりあえず試合をしよう」と思っています。練習と言えば試合で、ひたすら試合に試合を重ねます。もちろん、試合がだめというわけではありません。特に最初は試合に慣れるという意味でも、すべてを練習できる試合を経験することはとてもいいと思います。

一方で、試合だけを練習と考えるのは間違いです。試合だけだとどうしても非効率的で、自分の弱点を必ずしも効果的に克服できるとは限らないからです。

第13講

ディベートの練習方法

～1人で行なえるものからチームで行なうものまで～

野球の部活でも、ひたすら練習試合だけをするわけではありません。試合以外に、ノックや素振りなど、いろいろな練習があります。例えば守備が苦手な人なら、3時間くらいかかる試合をするよりは、ひたすら守備練習をしたほうがいいでしょう。「試合」と「試合外」の練習はつながっています。この講では、いくつか「試合外」で行なえる練習方法を紹介します。

さくっと試合を振り返ってみよう

1つ目に紹介するのは、文字通り「さくっと」できることで、継続することが苦手な人に特におすすめの方法です。試合が終わったあとに、自分で、もしくはチームメイトと振り返りをしてみるのです。

チームメイトに対してできたこと・できなかったことを、準備時間のタイミング、最後のスピーチのアイデア、自分のスピーチやチームメイトのスピーチなどで、いろいろ気づいたことを振り返ってみます。どのような細かいことでも、よかったことでも、改善できることでもいいので、あげてみてください。

試合が終わってから共有する「しくじり会議」もおすすめです。

「こういう話ができたかもしれない」「こういうこともできたかもしれない」などの「しくじり」が、いろいろ出てくると思います。

特定の話を言い忘れてしまったことや、焦ってしまったこともあるかもしれません。また、試合が終わったあとにスマートフォンなどで議題に関連することを調べて、「実際はこういうことがあったのか」などと知ることも大事です。

ちなみに、この「しくじり会議」ですが、失敗した部分はあまりオープンに話しづらいので、よかった部分とセットで行なうなどして、「笑い」や「学び」に変える明るい空気が重要となります。犯人捜しをするのは絶対にやめましょう。

少し慣れてきた人は、審査員が試合の勝敗を出す間に、勝敗とその理由を予想することをおすすめします。試合を客観的な立場から見るための練習にもなりますし、スピーチ全部をしっかり聞く意識づけにもつながります。特に賛成側1人目は、スピーチが終わるとそのあとはすることがないはずなので、しっかりと聞くようにしてください。

どんなにいいスピーチをしたと思っても、それが第三者に伝わらなくては意味がありません。伝わっているのか、伝わっていないのか、自分のチームと相手チームのAREAはどうか。勝敗とその理由の予測は、戦略脳を鍛えるうえでも有効となります。

審査員が結果を出したら、自分が思った勝敗およびその理由を審査員の話と比べて、何が合っていたのか、どこが違っていたのかをチェックしてみてください。

審査員に話を聞いてみよう

試合が終わったあとに、審査員に話を聞いてみるのもおすすめです（なお、以降の話は審査員に限らず、観客や観ていたコーチの方などにも当てはまります）。

公式試合などでは、実績がある人が審査員を務めてくれることもあります。気負わずに、話しかけてみましょう。図々しいくらいで、全く問題ありません。

話を聞く際のポイントは、次の3つです。

①確認する

シンプルにわからなかった部分の話を教えてもらうとともに、より具体化してもらう。

「それって具体的にどういうことですか？　今回のラウンドでいうとどのあたりの話になりますか？」

②自分のよかったところ（強み）や改善できること（弱み）を教えてもらう

「よかったところ、改善点ってどのあたりだと思いますか？」

「他の試合では、よく○○だと言われることが多いんですが、今回はどうだったでしょうか？
今、××がうまくなれるように頑張っているんですが、どうでしたか？」

③改善のためにどのように練習したらいいか、具体的に教えてもらう

「○○さんはどうやってうまくなりましたか？　参考にしている人やスピーチはありますか？」

この3つのポイントで、審査員に聞いてみてください。そして、その話の内容を、前述の「確認」「自分のよかったところ・改善できるところ」「改善のための具体的な方法」にグルーピングして記録しておきます。

いくつかの試合を重ねていくうちに、内容がどんどん充実してくるでしょう。このときに便利なのが「ディベート・ノート」です。

ディベート・ノートをつくってみよう

ディベートの上達のためには「ディベート・ノート」がとてもおすすめです。

これは、広く「ディベート力」に関する内容をまとめたものです。

ノートは、大きく2つに分けます。

第13講
ディベートの練習方法
〜1人で行なえるものからチームで行なうものまで〜

1つ目が「総論」で、どのような試合でも汎用的に使えそうなものをまとめます。

2つ目が「各論」で、特定の試合群（身近系、社会課題系のように分けたり、社会課題の中でも法律系、経済系のように分ける）で活用できる話をまとめます。

私は、ノートを半分にして、前半を総論パートにし、後半を各論パートにしていました。

最近では、「OneNote」「Google Document」「Evernote」「Notability」などのアプリを活用する人も増えているようです。

1つ目の「総論」は自分の反省、チームメイトとの振り返り、審査員の方々との対話の結果をもとに、すべてのラウンドで使えそうな話をいくつかまとめてみます。

例えば、私の場合は次のようにまとめていました。

- 話す順番別：賛成側1人目、反対側1人目……ごとのコツ
- スキル別：立論、反論ごとのコツ
- 時間別：準備、相手の話を聞いているとき、自分のスピーチ直前、スピーチ中の時間ごとのコツ

気づきがあったタイミングで、その関連する箇所に書いていきます。例えば審査員と話している中で賛成側1人目に関するコメントをもらえた場合は、すぐさまその関係あるページを探

Part 4

し、そこにコメントを書くのです。

2つ目の各論は、どちらかと言えば上級者向けとなります。

テーマごとにディベートでよく出てくる話があるのですが、それに関連するキーワードや、「さくっと」復習したあとに得た知識等をメモします。

例えば、社会課題／ＳＤＧｓ関連のテーマであれば、女性枠関係の議題（企業の役員における女性枠、政治家の女性比率の担保等）では、「アンコンシャス・バイアス（無意識の偏見や思い込み）」という考え方がよく登場します。

同様に「ロールモデル」も重要な考え方です。ロールモデルは、最近では企業のダイバーシティ研修でもよく取り上げられるため、身近に感じられている人も多いかもしれません。

これらは広く差別に関連するテーマでも重要となる考え方ですし、広くとると教育現場、子どもの人生設計の場においても切っても切れないコンセプトです。また、調べてみると具体的な事例としてＯＥＣＤ諸国の事例等も出てくると思うので、そのような内容も書き留めておきましょう。

ディベートの試合を聞いてみよう

２０２０年の大学生の世界大会を制したLee Chin Wee氏も行なっていた練習方法の１つが

第13講

ディベートの練習方法

～1人で行なえるものからチームで行なうものまで～

ディベートの試合を聞くことです。

実際に試合会場に足を運ぶこともありますが、特に英語の即興型のディベートに関しては多くの試合がYouTube等の動画サイトにアップされているので、そちらを活用してもいいでしょう。

試合を聞いて行なう練習方法には、代表的なものが4つあります。

①聞く力を鍛える練習

これは、相手が言っている話を一度で理解し、まとめ、どのように対応するかを一気に考えるという、難易度の高い練習方法です。特に、聞いたことがないようなテーマである場合は、文字通り即興力を鍛えるうえで効果的です。

②話す内容を鍛える練習

実際に同じ議題でチームメイトと準備したり、個人で行なってみたりして、その〝答え合わせ〟的な用途として試合を聞きます。もちろん、どちらが正解ということがすぐに出てくるものではありませんが、どのような話がいいのか、いくつかの引き出しが増えるという意味で有益です。

Part 4

③立ち振る舞いを学ぶ練習

Lee Chin Wee氏は、反対側1人目として練習したい場合は、賛成側1人目の話を聞いて、実際に反論を含めてスピーチを考える、という形で練習していたようです。賛成側2人目以降も同様に、試合が進んでいく中でどのように立ち振る舞うかを練習することができます。

④表現力を磨く練習（特に第二言語でディベートを行なう場合）

即興型ディベートは、短い時間でむずかしいテーマを話さなければいけないことから、効率的に話を伝える必要があります。いわゆる「短い言葉で刺す」ということを練習するために、ディベートの試合を聞きながらいい表現はメモしてストックする、というような活用方法もあります。

「プレパ練」をしてみよう

試合以外の代表的な練習方法の1つに、「プレパ練」というものがあります。これは、試合の準備時間のみを切りとった練習です。

準備時間のことを英語ではプレパレーション・タイム（Preparation Time）と呼び、「プレパ」のみの練習であることから「プレパ練」と呼ばれています。

第13講

ディベートの練習方法
〜1人で行なえるものからチームで行なうものまで〜

世界大会のＥＦＬ部門で優勝し、私の大学時代の同期の吉丸一成さんも、「準備時間で勝負が決まる」とよく言っていました。事実、２０１４年にチームメイトとして、ともにアジア大会に挑んだ際はかなり「プレパ練」を行ないました。

お互いの息を合わせたり、癖を学んだり、やり方をスクラップ&ビルドしてみたり……。効用が多く、相当この部分に時間を使いました。

プレパ練は、１試合を行なう時間に、反省も含めて数回行なうことができます。

わざわざ人数がたくさん集まらなくてもできますし、ちょっとした隙間時間でも行なうことができます。社会人になってから友人と大会に出る際は、よく、夜の30分などピンポイントの時間で練習したこともありました。

プレパ練は、一般的にはテーマを選び、同じ準備時間で試合を模して行なうことが王道です。そのあと、反省等をお互いにフィードバックし、より効率的に準備時間を使っていくのですが、これにはいくつかのバリエーションがあります。

まず、あえて準備時間を短くするパターンです。

極端な話、５分や10分で練習することも有益です。これは世界の強豪ディベーターも行なっている練習方法で、より効率的に、「考える」「伝える」「ディスカッションする」能力が鍛えられます。

Part 4

また、この練習をすると、実際の準備時間が長く感じられるようになるのでおすすめです。

次に、あえて準備時間を長くするパターンです。

これはアジアの強豪校であるＩＩＵＭ大学（International Islamic University Malaysia）も合宿の際に行なっていた練習方法です。その方法は、1時間ほどかけて、賛成側・反対側がともに何を言っているのか、とことん深めていくというものです。

実際の試合を再現することもあれば、本当に「強い仮想敵」を想定することもあります。時間があるので何度も賛成側・反対側を行き来しながら考えることができるため、最初から深い議論ができることにもつながるようです。

プレパ練を第三者に見てもらうこともおすすめです。

自分たちの準備時間の使い方がどれくらい効率的なのか、第三者から客観的なフィードバックを得ることができます。

特にチーム内にあった暗黙の了解であったり、ちょっとした遠慮も打破することができます。また、お互い言いづらいことを、第三者がすぱっと言ってくれるという利点もあります。

第13講

ディベートの練習方法

～1人で行なえるものからチームで行なうものまで～

「スピ練」をしてみよう

「スピ練」とは「スピーチ練習」の略で、「プレパ練」と並び、世界的にもよく行なわれている練習方法です。

実際のスピーチを行なう練習方法なのですが、「スピ練」は試合とは異なり、特定の1スピーチのみ切り取って行ないます。特に実際の試合に近い感覚で練習したい人や、スピーチ自体に課題を感じている人におすすめです。

一番行ないやすいパターンは、プレパ練と組み合わせて、「賛成側1人目」のスピーチを行なう方法です。特に人数が集まらない場合でも、1人で考え、1人でスピーチを行なうことができます。その際、できれば自分のスピーチをボイスレコーダーや携帯電話等で録音、録画することをおすすめします。

私の同期には、1人で何度もスピーチをしては、それを聞き直し、そのうえでもう一度スピーチを行なうということをストイックに繰り返している人もいました。スピーチコンテストや演劇等でも使われている練習方法です。

また、私も現役時代によく行なっていた練習方法として、「行なった試合」の「スピ練」があります。

自分が行なった試合の復習を兼ねて、「もう一度スピーチできるとしたら」という状態でスピーチをしてみるのです。

前述したような振り返りや審査員との対話等を踏まえて行なうと、効果が上がります。おすすめするのは「負けた試合」の復習です。悔しさがありますし、負けたことを繰り返さないようにしたいと思うので真剣に取り組めます。

他にも、オックスフォード大学で稀に行なわれているのが、「紙なしスピーチ」です。ディベートの傾向として、どうしてもたくさん紙に書いてしまうということがあります（第二言語でディベートする場合はなおさらです）。

あえて紙に何も書かずに、自分の頭の中にあることだけで話すことは、意外と無駄に書いていた部分を見直す機会になったり、しっかり考える練習にもなります。

さらに、ディベートの試合を観て、有名なスピーチのシャドウィングを行なうのもいいでしょう。文字起こし機能を活用して一度文字に起こし、実際に有名なスピーカーの気分になってそのスピーチ内容を話すのです。言葉の言い回し、説明の方法、雰囲気のつくり方等を学べる練習になります。

Parliamentary Debate Tutorial

14th Lecture

第14講 ディベート力は、知識×思考力×プレゼン力×“成長エンジン”で鍛えよう

(Point)

▼知識をインターネットと本からリサーチする。
▼「TBH思考」で思考力を鍛える。
▼プレゼンは「論理的なわかりやすさ」と「感情的なわかりやすさ」を意識する。

なぜ、「即興型」なのに知識の習得が大事なのか？

即興型ディベートは20分の準備時間しかなく、その間にスマートフォン等を使うことはルール上、不可能です。そのため、「困ったら話をつくればいいんじゃないの？　そんな競技であれば、リサーチは不要なのでは？」と思う人もいるかもしれません。

しかし、そんなことはありません。試合が開始してからのリサーチができないからこそ、試合が始まる前にしっかりとリサーチし、どのような議題が出ても対応できるようにしておかな

くてはならないのです。知識がないと、相手が自分より詳しかった瞬間に、一気に不利になってしまうからです。

だいたい、嘘の内容は、審査員が有効な議論と認めません。特に世界トップレベルの審査員となると、法律、経済、国際関係、ジェンダー等、幅広いテーマにおいて、各国の事情まで詳しいので、すぐに嘘は見抜かれてしまいます。

知識の習得方法① インターネットでのリサーチの仕方

重要なのは「設計」

では、どのようにデスクトップリサーチを行なえばいいのでしょうか。

つい、「どのような検索ワードを使えば効率的なのか」のような実行面のノウハウに関心が向きがちですが、リサーチにおいてそれ以上に鍵を握るのが、事前の「設計」です。設計がうまくいけば最短距離でリサーチできます。

具体的に「設計」とは何を指すのでしょうか。

ここでは「最終的なアウトプット（成果物）」と「アウトプットに至るまでのアプローチ」の2つを押さえることだと定義します。

つまり、「こんな最終結果を出したい」という「到着地点」と、それに至るまでの「道筋」

の2つです。

具体的に設計を行なう際に便利な質問事項を紹介しましょう。

①最終的にどのようなアウトプットをしたいですか？（どのような情報を得たいですか？）
②そのアウトプットは、目的に照らし合わせたとき、使いやすい情報ですか？
③そのアウトプットに照らし合わせて、現在ある情報は何ですか？　もしくはこういう情報がありそうという仮説を立てるとどのような仮説になりますか？
④ほしい情報はどんな情報源にありそうですか？
⑤その情報源にはどのようにすればたどり着けますか？（インターネットの場合、どのような検索ワードでしょうか？）
⑥今のアプローチは、「最小限の労力で、最大限の成果を出せる」ものになっていますか？

①②が情報そのものである「アウトプット」について、③④⑤⑥がその情報を得るための「アプローチ」に関するものです。

これらの質問に答えることで、リサーチの「設計」を効果的に行なうことができます。

まずは、目指すアウトプットを明確にする必要があります。

また、情報があっても使えないと意味がないため、使いやすいかどうかを目的に照らして確認する必要があります。

そのために、まずは知っていることをすべて棚卸しします。そのうえで、知らない情報に対して、「全く知らない」「知らないがあたりはついている」と分けると、より効率的にリサーチできます。

続いて、その情報をやみくもに探すのではなく、ありそうな情報源（例えば、官公庁のサイトなのか、新聞記事なのか）のあたりをつけ、その情報にたどり着く方法も考えます。わからない場合は、他の人にアドバイスをしてもらってもいいでしょう。

そして最後に、効率的かどうかもチェックします。より早くリサーチできる方法がないか考えましょう。

リサーチの練習では最終的に、賛成側もしくは反対側として、大きく3つほどの立論をWordファイル等にまとめるのがよいでしょう。

では、実際に例を見てみましょう。

例えば、「『日本の議会に女性枠を導入すべきだ』という議題で立論をするとしたら」という前提でリサーチする場合、具体的には次のような観点が重要です。

①最終的にどのようなアウトプットをしたいですか？

自分がしたいアウトプットが、それぞれのＡＲＥＡの強度が強くなるような情報（Ｒが複数ある、Ｅが説得力のある実例である等）かどうか、考えてみましょう。

②そのアウトプットは、目的に照らし合わせたとき、使いやすい情報ですか？

例えば英語で即興型ディベートを行なうのであれば、最終的に英訳ができているか等、その情報が「すぐに使える状態にあるか」を確認します。

③そのアウトプットに照らし合わせて、現在ある情報は何ですか？　もしくはこういう情報がありそうという仮説を立てるとどのような仮説になりますか？

わかっていることを全部、文章で書き出しましょう。

④ほしい情報はどういう情報源にありそうですか？

最終的なソースにしないのであれば、まずは、Wikipediaのような概要をまとめているサイトから調べてもいいでしょう。「日本の議会に女性枠を導入すべきだ」という議題の場合は、日本国内でも議論されていることなので、官公庁関連のサイト等を調べることもできると思います。

⑤その情報源にはどのようにすればたどり着けますか？（インターネットの場合、どのような検索ワードでしょうか？）

「日本の議会に女性枠を導入すべきだ」という議題の場合、インターネット検索では、

- 女性枠　議会
- 女性枠　政治家
- クオータ制　議会
- 議会　女性枠　導入　メリット
- affirmative action politics women
- female quota politics pro con

のように、女性、政治・議会、クオータ・枠、メリットのような言葉を組み合わせて検索すると必要な知識にたどり着けます。詳しくは次のページで説明します。

⑥今のアプローチは、「最小限の労力で、最大限の成果を出せる」ものになっていますか？

最初から難解な論文を読もうとするのではなく、まずは「読んでわかりそうなもの」を優先しましょう。

実行に関する小技

設計ができたあとは実行です。いくつかノウハウを紹介しましょう。

1つ目が、キーワード検索です。キーワード検索をするときは、多く試すことが重要です。キーワードは、1つ替わるとヒットする情報が大きく変わってしまいます。

「ウエ」（抽象化する）、「ヨコ」（言い換える）、「シタ」（具体化する）の3つの観点をもつと、キーワードにたどり着きやすくなります。

例えば、先ほどの「日本の議会に女性枠を導入すべきだ」という議題でリサーチを行なう場合、検索ワードは次のようになります。

- ウエの例：「議会」を抽象化して、「政治」「政界」
- ヨコの例：「女性枠」を言い換えて、「クオータ制」「アファーマティブアクション」（英語含む）
- シタの例：「女性枠」を具体化し、一制度としての「パリテ法」

この3つの観点から、いろいろなキーワードを出してみましょう。

2つ目が、Google検索です。Google検索にも、いろいろなテクニックが存在します。

その中でもおすすめなのは、検索欄でキーワードのあとに「filetype:pdf」をつけることです。これを行なうと、PDFファイルのみを検索することができます。

PDFファイルは、たいていの場合、論文や、官公庁の資料等しっかりまとめられた資料のため、大変参考になります。

他には、サイト内検索というテクニックがあります。アドレスバーにキーワードを入力し、続けて「site:」をつけ、そのあとに官公庁などのアドレスを入れると、そのサイト内のキーワードがあるページのみを出してくれます。

また、図等はGoogleの画像検索を行なうとわかりやすいものが出てくることが多いです。

知識の習得方法② 本を読んで知識を自分のものにするための8ステップ

知識を得るうえでは、本を読むことも重要です。特に、本はその道のプロが何年もかけて培ったノウハウを、数千円で販売していることから、非常に費用対効果が高い投資です。

一方で、本は読むがそれがなかなか自分の血肉になっていないという悩みをよく聞きます。

また、即興型ディベートでは「知識はあるのだけれども勝てない」という〝病気〟にかかることもあります。

そのような方は、次の8ステップを意識するようにしましょう。

インターネット検索のコツ

上・横・下のキーワード検索

類　型	イメージ	検索ワード例 （議会の女性枠の是非の場合）
「上」にする （抽象化する）	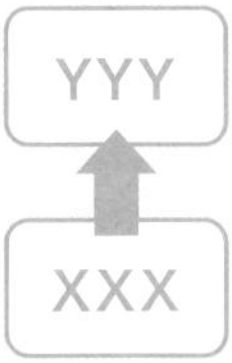	政治 政界 政治家
「横」にする （言い換える）		クオータ制 アファーマティブアクション（Affirmative Action） female quota
「下」にする （具体化する）		パリテ法

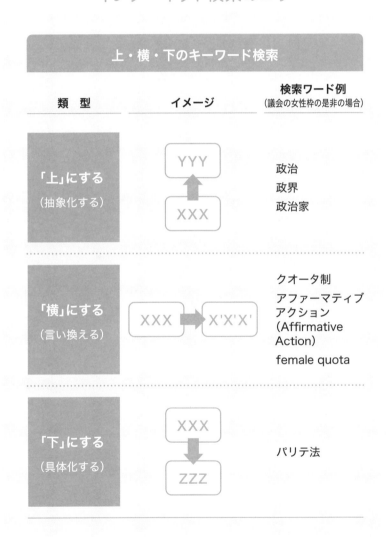

①「なぜ、本を読むのか」という目的を設定する

ディベートの力をつけるために本を読む場合は、例えば関連するプレゼンテーションのノウハウを知るため、思考力を身につけるため等の目的が考えられますが、一義的には、知識を身につけることにあるかと思います。

その場合、具体的に「どのような知識を身につけたいのか」という解像度を高めることが重要です。

例えばどういう議題群に苦手意識をもっているか、次に勝つためにはどうすればいいか、似たような議題が出たときに頭が真っ白にならないようにするためにはどうすればいいか、というような粒度で、目的を設定することが大事です。

②おすすめの本のリストを作成する

目的が設定されたタイミングで、ぜひ詳しそうな人何名かに、「おすすめの本」を聞いてみることを強く推奨します。その道の人はいろいろな本を読んでいます。その中で吟味しながら、あなたに向いている本を選んでくれるかもしれません。

本のリストは、10冊を超えるくらいの冊数がちょうどいいと思います。

また、並行してAmazonや書籍に関連するおすすめサイトをチェックしたり、実際に書店に足を運んで気になる本をリストアップするのもいいでしょう。

③入門編・発展編のバランスをとりながら、一気に3冊から5冊に絞り込む

そのリストをもとに、3冊から5冊に絞り込みましょう。

これは、東大英語ディベート部の先代部長が、「3冊くらい一気に読むとだいたい外観をつかめるよ」と学部時代にアドバイスしてくれた方法です。

「頭がいい人はこういう勉強方法をするのか」と、衝撃を受けたことを覚えています。それ以降、3冊読むということが、知識を身につけるうえで、私の中で1つの目安になっています。

このとき、1、2冊はわかりやすい入門書のような本を選びましょう。

イメージに一番近いのは新書ですが、私の場合、「漫画でわかる」のようなシリーズが1冊入っていることもあります。そして残りの1、2冊は、詳細に書かれている、ややぶ厚めの本がいいでしょう。

④まずは目次を読むことでぼんやりと全体像の輪郭をつかむ

3冊の目次をしっかりと読みます。特に、入門書の目次は念入りに読むことをおすすめします。

この際、どんなことが書かれているかを「ぼんやりと」理解することが重要です。知らない専門用語もあるかと思いますが、それは何となく認識しておくにとどめてかまいません。目次を読みながら「きっとこういうことが書かれているのではないか」と想像することが重要です。

⑤入門書を読むことで全体像の〝地図〟をイメージする

まず、一番わかりやすそうな入門書を読みます。はじめから１００％理解をするのはむずかしいので、ざっくりと理解しようという目的意識で大丈夫です。

その際、特に重要なキーワード、考え方は何かしらで記録することにしましょう。

私の場合は、読みながら携帯で写真を撮る、iPadやノートに数行でメモをとる、本に付箋をつけるなどして、その部分だけあとで読み返しています。

メモをする場合は、「感想」をセットで書いておくと、記憶に定着しやすくなります。「面白い！」「すごい！」「怖い！」「〇〇のディベートで使える！」「あのときこの反論を言えばよかった！」のようなメモを残すのです。また、わからないところは「わからない！」と書いておくことで、今後調査することができます。

⑥読んだことに基づいて、一度ディベートのスピーチをしてみる

意外に思われるかもしれませんが、この時点で一度ディベートのスピーチを行ない、本で読んだことを活用してみましょう。①の「本を読む目的」に立ち戻って、特定のテーマで再度スピーチをするのがいいでしょう。似た議題で試合をしてみるのもおすすめです。

「まだちゃんと本を全部読めていないのに……」と思われるかもしれません。しかし、あえてこのタイミングで行なうのは「リサーチの沼」に溺れないようにするためです。

例えば、何か調べものを始めて、そのまま関係ない部分まで面白くて読み込んでしまった経験はないでしょうか？　もしくは、1冊全部読んだものの、読まなくてもよかったなと後悔したことはないでしょうか？　Wikipediaのようなページを見ている間に、気づいたら関係ない関連ページに飛んでしまったことはないでしょうか？　私はどれもあります。

これらを回避するためにも、あえて一度目的に照らし合わせて、最短距離で走れているか確認をするのがいいのです。

審査員もチームメイトも、評価するのはあなたのスピーチであり、どれだけ本を読んだのかというプロセスを評価してはくれません。ですから、何ができていて、何ができていないか見極めるうえでも、一度ディベートのスピーチで知識を使ってみるというプロセスを踏んだほうがよいのです。

⑦〝地図〟がイメージできたら、残りの本を読む

ここまでくると、ある程度、テーマに関する全体像の〝地図〟ができあがっています。また、スピーチをしてみたことで、わかった部分やわからなかった部分が見えてきたかと思います。その「わからない」部分を中心に、アップデートするつもりで、改めて先ほど読んだ本を読み返したり、残りの本を読むようにしましょう。

この際、読み方は基本的には⑤と一緒ですが、このタイミングでは前より深く理解することをおすすめします。

可能な限り「スピーチにするとしたら」と考えながら読むことがポイントです。

⑧今までのステップを繰り返すことができる〝仕掛け〟をつくる

このように、本を真面目に読むプロセスはとても大変です。そのため、私のようにずぼらな人間は可能な限り、仕組みを整えることで継続できるようにしています。例えばですが、本を読むたびに自分なりのご褒美を設定するのです。

他にも、ディベートの勉強会や部活がある場合は、次の勉強会で、読んでいる本と似たようなテーマを出すように事前にお願いしておくことで、頑張ることを強制できるかもしれません。また、人は、自分が教えなければならない立場に追い込まれるとより頑張る傾向にあるので、誰かにその知識を教えるというのもいいでしょう。私の場合は、本を読んだらその感想を簡単に報告するＳＮＳのグループをつくりました。

思考力の鍛え方〝ＴＢＨ思考法〟を身につける

実は、この本で紹介していた思考法は大きく3つに分けることができます。

その3つの思考方法とは、「トップダウン（Top-Down）思考」「ボトムアップ（Bottom-Up）思考」「ホリゾンタル（Horizontal）思考」です。私はこれらの思考法を、3つの頭文字をとって「ＴＢＨ思考」と名づけています。

- トップダウン思考：マクロ的な思考（根本的な問いを起点に、具体的な答え／事象・現象を発想する思考法）
- ボトムアップ思考：ミクロ的な思考（具体的な事象・現象を起点に、抽象化して発想する思考法）
- ホリゾンタル思考：相手起点の思考（「相手が話してくること」を起点に、自分が話す内容を発想する思考法）

この3つの分け方は便宜的であり、それぞれは複雑に絡まっています。3つの円が重なっているベン図のようなものです。

また、さまざまな職種や文脈によって「トップダウン」「ボトムアップ」は定義が異なりますが、ここではディベート向けに便宜的にカスタマイズしています。

それぞれ説明していきましょう。

トップダウン思考

即興型ディベートでは、マクロ的な思考（根本的な問いを起点に、具体的な答え／事象・現象を発想する思考法）と定義しています。

例えば、社会課題関連の議題では「現状の問題は何か？」「どのように問題を解決できるのか？」という2つの問いを考えることがセオリーです。

他にも、「因数分解」を通じて問いを立てることも可能です。例えば「本議会はタバコを廃止すべき」「本議会は積極的安楽死を導入する」のような議題であれば、時間軸で「因数分解」することで、「それらの選択は妥当なのか？」「選択の結果はいいのか？　悪いのか？」という2つの問いを導出することができます。

似たような例として、「結婚制度が存在しない世界のほうが今の世界よりも望ましい」というテーマの場合、結婚という選択をするときに、結婚後や離婚時のそれぞれで、「いいのか？悪いのか？」という問いを考えることができるかと思います。

「むずかしそう……」と思ったあなた。ご安心ください、この思考法は3つの中でも最も難易度が高く、トレーニングが必要なものなので、まずはエッセンスだけでも感じとってもらえればと思います。そのうえで、この思考法を鍛えるためのヒントを2つ紹介します。

1つ目は、まず過去のテーマ例から「こういう因数分解が必要なのでは？」というものをストックし、自分の型をつくることです。コツは、「議題」レベルではなく「テーマ」レベルで考えること、一段「抽象化」することです。

つまり、「これは教育系のテーマと似ているな」「社会課題でもこれは政策系の問題だな」などとくくりながら、今まで行なった議題を復習したり、音源・動画・試合を見聞きしたり、場合によっては他の人に聞きながら、自分としての因数分解のパターンをつくります。

2つ目は、中長期的になるかもしれませんが、ロジカルシンキングを鍛えることです。MECE（Mutually Exclusive and Collectively Exhaustive）の「切る」能力を高めるのです。これに関しては、『東大生が書いた 問題を解く力を鍛えるケース問題ノート』『現役東大生が書いた地頭を鍛えるフェルミ推定ノート』（ともに、東大ケーススタディ研究会 著／東洋経済新報社）のようなコンサルティング入門書をご参照ください。

ボトムアップ思考

即興型ディベートでは、ミクロ的な思考（具体的な事象・現象を起点に、抽象化して発想する思考法）と定義しています。

これもいくつかのパターンがありますが、まずは「具体的な人」が「どうかわいそうか、幸せか」という問いを立てることが重要です。その状況を、映画のワンシーンのように正確に切り取るとどんなことが起こるのか、時間軸に沿って発想していくのです。

例えば、「『大きくてつぶせない』企業の救済は行なわない」というような議題の場合、真っ先に想像できるのは、従業員の顔だと思います。

救済を行なわない、その結果として「雇用が失われる」ということは、単純に解雇通知の書面だけの話ではありません。その背後に1人ひとりのストーリーがあります。

長年会社のために働いてきたのに、誰も助けてくれない、子どもも大学に行かせたいのにどうしよう、再就職と言ってもむずかしいし……という具合に、困った状況にまで想いを寄せられるとよいかと思います。

次に「具体的な人」の幅を広げることが必要となります。

例えば、経済関連の議題であれば、従業員だけではなく、経営層も影響されるでしょう。企業の取引先も影響されれば、顧客も影響されます。さらには投資家や株主も影響されるかもしれません。法律や政策と関連するのであれば、政治家等も影響を受ける人物になり得ます。

もう1つ、テクニックとして重要なのが、「類似例（アナロジー）」から考えることです。直接的にその議題のことは知らないけれども「知っているこれと似ている」というふうに発想する方法です。

例えば、「本議会はマリファナを合法化する」という議題を扱う際に、「体に害を与え、中毒性のある」という点で似ているタバコ、酒（アルコール）、ジャンクフード等から発想することができるかと思います。

ボトムアップ思考を習得するには、「妄想」と「知識」「類似例（アナロジー）」がポイントになります。

「妄想」とは強制的に「自分ごと化」する練習です。例えば、「自分がもし家族を養っていて急に解雇されたらどう思うか？」のように、「もし自分だったら」と考えることです。

人は一般的に、自分のことにならないと、なかなか想像力が働きません。ですから自分が「もしその立場になったら」と考えて、必死に想像することが重要です。

「知識」に関しては、すでにお話ししたように、本を読んだりしながら自分の知識の幅を広げていくしかありません。

類似例に関しては、生活の中で何か具体例を見たときに「これって何と似ているのだろう？」、また、複数の具体例を見たときに「これらは何が共通しているのだろう？」と考える癖をつけるようにしましょう。『アナロジー思考』（細谷功 著／東洋経済新報社）という本に詳しく書かれていますので、参考にしてみてください。

ホリゾンタル思考

ホリゾンタル思考とは、「相手が話してくること」を起点とした思考です。「最もディベート的」な思考法かもしれません。

ある年のアジア大会で優勝したフィリピンのディベーターは、「最初の5分は相手が何を言ってくるかを考える」と言っていました。具体的なテクニックを2つご紹介しましょう。

第1に、相手の立論起点で考えるパターンです。「相手がそもそも何を言ってくるか？」「それに対してどう対応するか？」の２つの要素を考えることが必要になります。

例えば、「環境税を導入する」という議題があるとします。賛成側は環境がよくなることを話し、反対側は経済が悪くなることを話すと考えられます。

賛成側としては「むしろ経済にとってもよい」、反対側としては「むしろ環境にとってもよい」という話ができるといいでしょう。

「むしろ」と、相手が言うことにとってもいいとする発想が重要です。

第2に、自分の立論に対して、相手がどのように反論してくるかという反論起点で考えるパターンです。「自分の話に対して、相手は何と言ってくるか？」「こう言ったらこのように反論されてしまうので、このように議論を最初から補強しよう」というように考えるのです。

あるヨーロッパの強豪チームは、ヨーロッパ大会に向けて、練習で役割分担をしたそうです。具体的には、１人が立論を話す間、もう１人は「それって何で？」「こう反論されるかもよ」と、あえて反論のみし続けることで思考を深めていったそうです。

立論・反論を考えるときは、時間をかけることがおすすめです。

例えばアジアのディベート強豪校であるＩＩＵＭ（International Islamic University Malaysia）では、最初の15分は賛成側で何が言えるかをみんなで（５～６人ほどのようです）考えたあと、反対側で何を言えるか考え、共有するなどのことを行なっていきます。このプロセスは1つの議題につき、1時間くらいかけるそうです。

また、ホリゾンタル思考を鍛えるうえで、優先順位づけを行なうというテクニックも必要なことから、審査員の立場を練習するのもいいでしょう。

中長期的には、現実社会でも有益なディスカッション能力および意思決定能力を高めることも必要です。

入門書としては、『東大生が書いた 議論する力を鍛えるディスカッションノート』(吉田雅裕、東大ケーススタディ研究会 著/東洋経済新報社)、『ファシリテーションの教科書:組織を活性化させるコミュニケーションとリーダーシップ』(グロービス 著/東洋経済新報社)がおすすめです。

なお、この3つの思考方法は「行き来する」ことがとても有益です。

皆さんも、何かしらの思考を無意識に行なっています。あえて意識的に行き来をするというのはなかなかむずかしいことですが、例えば準備時間に、最初の数分はトップダウン、次はボトムアップ、最後はホリゾンタルで思考するというルールを設ける、または、チームメイトと役割を分担して思考する等を繰り返すことで、思考の行き来ができるようになってきます。

プレゼン力を鍛えて論理・感情に訴える

即興型ディベートにおいては、「論理的なわかりやすさ」と「感情的なわかりやすさ」の両輪が大事です。

即興型ディベートで言う「論理的なわかりやすさ」には、次のような特徴があります。

- アイデアの結論が最初に述べられ、根拠によって支えられている
- 単純に〝言いっぱなし〟ではなく、その理由や例が説明されている
- 複雑な事象であっても、シンプルに本質を抽出している
- 特定のメッセージを伝えるために効果的なストーリー・構成になっている
- 理解するうえで必要な前提条件から説明したり対戦相手やチームメイトの発言内容の文脈と関連づけたりしている

「感情的なわかりやすさ」には、次のような特徴があります。

- まるで目の前で起きているかのような、具体的な描写を通じて五感に訴えかけている。例え

ば、ある政策をとらない場合、最も被害を受ける人のドラマを描写している
- 声のトーン、表情、身振り、視線、相手との距離等、〝非言語的〟なコミュニケーションを活用している
- 最低条件として、誰に見られても好感をもたれるような言い回しになっている
- 差別的・侮辱的な発言ととられないよう、一言一言配慮している

これらを磨くための練習方法をご紹介しましょう。

「論理的なわかりやすさ」に関しては「通常よりも短い時間でのスピーチ練習」をおすすめします。

短い時間であれば、何を言いたいかをより強制的に考えさせられ、結論・根拠の明示化につながりやすくなります。

シンガポールのディベート強豪校の練習方法に、「同じ内容のまま、スピーチ時間を2分の1にする」というものがあります。あえて時間を短くすることで無駄がなくなり、とても効果的だと聞いています。

また、シンプルに行なったスピーチがすべてAREAで整理されているか聞き直し、AREAが徹底されるまでプレゼンテーションを繰り返すという地道な練習方法も有効です。

「感情的なわかりやすさ」に関しては、まずドキュメンタリー、映画、小説等のストーリーテリングの技法を応用するといいでしょう。

すぐにできるのは、いい表現を集めたノートをつくるなど、言い回しのストックをすることです。

他に、「特定の感情（喜怒哀楽）のみを表現するスピーチ練習」も効果的です。

誰かが話しているときに、見ている人が「じゃあ、悲しくスピーチしよう！」「次は楽しく！」のように、喜怒哀楽の指示を出し、それに合わせて感情を込めるという練習方法です。

これらの練習を繰り返し行なうことで、プレゼン力がぐんとアップします。ぜひ行なってみてください。

成長エンジンの設計方法① 目標設定

突然ですが、「SMART」をご存じでしょうか？

ビジネスで、目標設定の際に意識したほうがいいポイントの頭文字をとったもので、具体的には次の通りです。

第14講
ディベート力は、知識×思考力×プレゼン力×“成長エンジン”で鍛えよう

「論理的なわかりやすさ」と「感情的なわかりやすさ」の両輪で説得・魅了することが即興型ディベートの特徴

即興型ディベートにおける効果的なプレゼンテーション

論理的説得
（“左脳的”発想／“ロゴス”）

- アイデアの結論が最初にわかりやすく述べられ、根拠によって支えられている
- 単純に“言いっぱなし”ではなく、その理由や例が説明されている
- 複雑な事象であっても、シンプルに本質を抽出している
- 特定のメッセージを伝えるために効果的なストーリー・構成になっている
- 理解するうえで必要な前提条件から説明したり対戦相手やチームメイトの発言内容の文脈と関連づけたりしている（異文化の相手・審査員にも配慮）

感情的説得
（“右脳的”発想／“パトス”）

- まるで目の前で起きているかのような、具体的な描写を通じて五感に訴えかけている
  - ▶例えば、ある政策をとらない場合、最も被害を受ける人のドラマを描写している
- 声のトーン、表情、身振り、視線、相手との距離等、“非言語的”なコミュニケーションを活用している
- 最低条件として、誰に見られても好感をもたれるような言い回しになっている
- 差別的・侮辱的な発言ととられないよう、一言一言配慮している

- Specific（具体的）
- Measurable（測定可能）
- Achievable（達成可能）
- Related（目標に即した）
- Time-Bound（時間制約がある）

これらは、ディベート力を鍛えるうえでも、とても役に立ちます。
この5つを、ディベートに即して考えると、次のようになります。

①Specific（具体的）

ディベートのどの能力を身につけるのか目標を立てる際、なぜその能力を身につけるのか、深掘りして明示化することが重要です。

例えば、インプットとしての知識×プロセスとしての思考力×アウトプットとしてのプレゼン力を身につけることを目標にしたとすると、「何の知識？」「どんな思考力？」「どんなプレゼン力？」と考えます。深掘りする際には、目標としているスピーチ、スピーカー等があると、より解像度が高まります。

②Measurable（測定可能）

ディベート力を身につける練習を行なう際、目標を「数字化」することがポイントです。スピーチの練習をするのであれば「何度行なうか？」、知識をつけるのであれば「何冊本を読むか？」、音源や動画を見聞きするのなら「いくつ、何時間視聴するか？」、第二言語でディベートを行なっている場合は「いくつの単語を覚えるか？」など、積極的に数字を入れるようにしましょう。

③Achievable（達成可能）

目標設定の際、達成可能かどうかを意識しましょう。

目標達成を目指すうえでおすすめなのは、一度理想の数字目標を立てたうえで、それに80％を掛け算し、その数字を目標にすることです。例えば、1カ月100冊読むという理想の目標を立てた場合は、80％を掛け算し、1カ月で80冊読むことを目標にします。

他にも、仮に1カ月、2カ月でスキルアップしようと中長期で考えている場合は、1日で割って考えることも重要です。1カ月で100冊本を読むという目標を立てたなら、1日に3冊以上読まないといけなくなります。実現可能かどうか、考えましょう。

④Related（目標に即した）

自分がディベートで何を得たいのかという、目標との整合性を確認することが大事です。

即興型ディベートを、ゆるゆると楽しんで行ないたいということであれば、それももちろんいいと思います。

一方で、ディベートを通じて何かしらのスキルアップが目的なのであれば、それを重視した目標づくりが適切です。

⑤Time-Bound（時間制約がある）

目標を「いつまでに行なうのか」考えるようにしましょう。③Achievableに関連しますが、「中間目標」をつくることも一案です。

成長エンジンの設計方法② 実行・継続のための〝仕掛け〟をつくる

立てた目標を実行し続けるため、〝仕掛け〟をつくりましょう。


人は怠惰であり、面倒くさいことはできればやりたくないと考えるものです。ですから、うまく続けられる仕組みを最初からつくってしまうことが効果的です。

私自身、次のようなことをやっていました。

- **自分が行なった練習を見える化する（何試合行なったのか、何冊関連する本を読んだのか等）**
- **他の人を巻き込んで競争する（「絶対にいつまでに調査をしたいので、やろう」と声をかけ**

ることで監視の目をつくる）
- チームで頑張ることで、協創する（2〜3人のグループで目標を立てて一緒に向かっていく）
- とりあえず始めるために、まずは机に向かってみる

参考にしてみてください。

Parliamentary Debate Textbook

Supplementary Lecture

補講

即興型ディベートのエクササイズ10

1. 自分の好きなことを「AREA」で話そう！

● **目的：AREAでそもそも話したことがない人、ディベート初心者が「型」に慣れる**

● **実施人数：1人以上**

● **方法：**

①自分の好きなこと・趣味に関してAREAで話す

※考える時間の目安は最大15分、慣れてきたら0分。話す時間は最初は30秒、できれば1〜2分になるといいですね

②自分でスピーチを録音し、聞き直す。もしくは他の人がAREAで聞いてその要素がどれくらいあったかフィードバックする（RやEが話せていたか等）

2. 身近な議題で「AREA」の演習をする

●目的：AREAでそもそも話したことがない人、ディベート初心者が「型」に慣れる

●実施人数：1人以上

●方法：

①AREAのうち、Aが決まっている状態でRやEを考えてみる（議題やAは誰かの思いつきや、部屋の中にあるもの等でも問題ありません）

※複数人いる場合は、何人かのグループで話し合ってもいいでしょう。5分各自で考えたあと、5～10分、意見交換する等

②他の人がいる場合は、RやEがあったか、フィードバックをもらう（話せていたか、他にこういう観点もないか等）。1人で自習する場合は、下記の回答例やオンラインで調べてみる（「猫　好きな理由」等で検索）

【例題】

問1：「ペットとして犬と猫のどちらがいいか」の賛成側の「犬を飼うと、飼い主が健康になる」というAの、RやEを考えてみましょう。

問2：「コンビニは24時間営業をやめるべき」の反対側の「コンビニがあると、残業している会社員にとっていい」というAの、RやEを考えてみましょう。

【解答例】

問1

R：犬は、猫と違い毎日散歩をする必要があるからです。

E：例えば、一日中犬が家にいると飽きてしまうので、満足がいくまで近くの公園などまで散歩することがあります。

問2

R：夜遅くまで開いていて、いろいろなものが揃っており、さまざまな場所にあるのはコンビニだからです。

E：例えば、私の家の近く、オフィスの周りそれぞれ徒歩圏内に3、4店舗はあります。そこでは、おにぎりやサンドウィッチのような食品もあれば、ティッシュやトイレットペーパーのような日用品もありますし、体調が悪いときの栄養ドリンクやのど飴なども売っていて、まさに市民の味方だと思います。

3．即興でのAREAにチャレンジする

- 目的：AREAで話すことに慣れてきた人がスピード（即興性）を上げる
- 実施人数：2人以上

●方法：
①お題を出す人とスピーチをする人に分かれる
②お題を出す人は、何か部屋の中にあるもの、思いついたものを2つあげる（例：本とパソコン、掃除機と洗濯機、机といす等）
③スピーチをする人はなぜパソコンよりも本がいいか、AREAでその場で話す（最大1分程度）
④スピーチを聞いていた人は、AREAで話せていたか、フィードバックする
⑤お題を出す人、スピーチをする人が交代（もしくは次の人）し、以降繰り返す

4．"でもでもボクシング"をやってみる

●目的：反論が怖い、反論をしたことがない人が反論に慣れる
●実施人数：2人
●方法：
①どちらかがお題を出す（議題から選んでも、部屋の中にあるもので議題をつくっても）
②1人目がなぜそれが好きか、買いたいか等を30秒以内に話す
③2人目は、それに対して「そうですね、でも〜」という形で受け止めながら反論する
④そのコメントに対して1人目が再度「そうですね、でも〜」と反論する
⑤上記を1〜2分ほどの間、繰り返す（ただし、同じことを言うのは禁止）

【例】

1人目「大きな家に住みたいです。そのほうが広々と過ごせるからです」

2人目「そうですね、でも部屋の数が多くなるので掃除が大変そうですね」

1人目「そうですね、でも人を呼んでホームパーティや鍋パーティもできると思います」

2人目「そうですね、でも家賃が高そうですね」……。

（厳密にはAREAのRに対して反論をするなど、やり方はいろいろあるかと思いますが、とりあえず新しいことを言えていれば大丈夫です）

※『個の確立した集団を育てる　学級ディベート』（菊池省三、菊池道場　著／中村堂）より引用・アレンジ

5．理由をたくさん考える

●目的：1つの議題・テーマから複数の理由を考えられるようになる

●実施人数：1人以上

●方法：

①特定の議題を準備し、賛成側・反対側の理由をいくつかあげる

②他の人に聞いたりインターネットで調査して、他の理由がないか復習する

【例1】

「ペットとして犬と猫のどちらがいいか」の賛成側として、犬がいい理由を3つあげる。また、反対側として、猫がいい理由を3つあげる。

【例2】

「子どもの携帯電話を親は監視していいか（例：SNSの書き込み内容を読む、通話相手を確認する）」の賛成側、反対側、それぞれの理由を3つあげる。

6. エレベーター・ピッチ・サドンデスを行なう

目的：Aの結論を短く言えるようになる

実施人数：3人以上

方法：

①まずは読み上げると2〜3分ほどになる賛成側・反対側の立論としてのAREAを1つ、誰かが準備する

②1vs1のペアで、最初は2分で話せるように要約する

③数分の準備時間を与えたあと、次にその半分である1分、30秒、そして15秒までAを単純化する。第三者が「十分に結論が言えているか」を評価する

④どちらかが15秒の要約までできなかったらその時点で勝敗をつけ、15秒まで要約できた場合は別の議題・AREAを準備する。慣れてくれば準備時間を減らしたり、紙で書くことを禁止するのも可

7.〝記者会見〟を行なう

目的：Eを具体的に言えるようになる、POIに慣れる

実施人数：2人以上

方法：

①特定のテーマのもと、会見役として1人が話すEを決める（自分の体験談であったり、詳しく知っている事例がよい）

②他の人はそのEについて、記者として、いろいろ質問をする
（特に5W1Hに関連する「いつのことですか？」「具体的にどういう人ですか？」「どこで起きたことですか？」「それはどういうものですか？」等）

③会見役は可能な限りその場で答える

8.ステークホルダーを洗い出す

補講

即興型ディベートのエクササイズ10

目的：アイデアの幅を広げる

実施人数：1人以上

方法：

①特定のテーマを選び、影響を受ける可能性がある関係者（ステークホルダー）を3分で可能な限りあげる

②他の人に聞いたりインターネットで調査して、他の人が影響し得ないか復習する

【例題】

問1：「子どものスマホの使用を禁止する」というテーマで、影響される関係者を可能な限りあげてください。

問2：「日本政府は政治家に女性枠を導入すべき」という議題で、影響される関係者を可能な限りあげてください。

問3：「タバコを禁止する」というテーマで、影響される関係者を可能な限りあげてください。

【解答例】

問1：子ども、友人、いじめっ子、保護者、塾の先生、ゲーム会社、詐欺グループ等

問2：女性政治家、男性政治家、女性の投票者、男性の投票者等

問3：喫煙者（ヘビースモーカー、ライトスモーカー）、禁煙者（嫌煙者、子ども等）

9.〝風が吹けば桶屋が儲かる〞ゲームを行なう

● **目的：Rを詳しく説明できるようになる、柔軟に考えられるようになる**
● **実施方法：2人以上**
● **方法：**

①事前に、「出来事」をいくつか紙に書く（風が吹く、犬を散歩させる、猫を飼う、企業に女性枠を導入する、タバコを禁止する）
②また、「最終的に起きること」もいくつか紙に書く（経済が悪化する、子どもが困る、映画館が儲かる等）
③順番に、「出来事」「最終的に起きること」の1枚ずつを引いて、それをつなげられるように皆でストーリーを考える（1人1フレーズずつ言ってつないでいくのも可）。
※柔軟に対応してかまわないです

【例】
「風が吹く」「桶屋が儲かる」の紙を引いた場合

風が吹くと土ぼこりがたって目に入り目が見えなくなってしまう人が増える。目が見えなくなってしまった人は三味線で生計を立てようとするから、三味線の胴を張る猫の皮の需要が増える。猫が減るとねずみが増え、ねずみが桶をかじるため、桶屋が儲かる。

※このように一見関係ないものをつなげていきます

10．サマリー&レフュート（まとめと反論）を行なう

目的：〝プチ〟ディベートに慣れる

実施方法：2人以上（できれば3～4人）

方法：

①テーマを1つ選び、話す順番を決める。必要に応じて5分ほど準備時間を設ける
②1人目は賛成する理由を1つ述べる
③2人目は前の人の議論を要約し、反論し、反対する理由を1つ述べる
④3人目は、前の人の議論を要約し、反論し、賛成する理由を1つ述べる
⑤上記を繰り返す（新しい理由が思いつかない場合は、反論のみでもOK）

おわりに
――ディベートをライフスタイル＆文化にするために――

この著作を書くにあたって、多くの方のご協力をいただきました。

私は２００９年に英語即興型ディベートを東京大学英語ディベート部で始めました。10年以上、人生の３分の１以上はディベートとともにありました。

その間、指導してくださったり、ディスカッションにお付き合いいただいたり、アドバイスくださったり、切磋琢磨したりしてきた〝多くの仲間〟のおかげで、この本を書き上げることができました。

そこには、東京大学を筆頭に英語即興型ディベートの仲間はもちろん、日本語の即興型ディベートの皆さん、英語・日本語を問わない調査型ディベートの皆さん、中にはディベートを行なっていない方々も含まれます。

中高時代の先生や仲間、帰国生向けの予備校（駿台予備校）の仲間、大学・大学院時代のサークルやゼミ（太田勝造〈現東大名誉教授〉ゼミ、川人博〈弁護士〉ゼミ、ＨＣＡＰ等）の仲間、会社の先輩・同期・同僚、九州大学やディベート教育国際研究会の皆さん、さらには家族のおかげです（私と関わりがある人には、何かしらのタイミングでご相談をしたり、常にインスピレーションを頂戴していました）。

全員のお名前をここであげることはできませんが、御礼申し上げます。

中でも、結婚式の受付も行なってくれた、ディベートの戦友である石河敏成さんと鍋島覚さんには、全体の構成から具体的な内容まで、多くのフィードバックを頂戴しました。

また、ハーバード大学卒で長年高校生のディベート教育や自治体のディベート教育改革にも携われたJoshua Park氏、２０１３年世界大会審査委員長を務めたSharmila Parmanand氏、２０１９年高校生世界大会優勝チームのコーチであるLoke Wing Fatt氏、２０２０年世界大会優勝、最優秀個人賞を受賞したLee Chin Wee氏には、本書の執筆にあたり、たくさんのアドバイスをいただきました。

他にも、北田瑞希さんにはご自身の経験を交じえ、忌憚《きたん》のないフィードバックを何度も頂戴いたしました。

また、この本の出版にあたって、あさ出版の佐藤和夫様、李美和様には大変お世話になりました。特に御礼申し上げます。

最後に、私から伝えたいのは次の3点です。

第1に、改めて「経験者の声」と「はじめに」を読んでいただければと思います。

ディベートはあらゆる局面で活きてくるスキルを身につける絶好の機会です。国内でも海外でも、10人いれば10人とも、ディベートとの向き合い方が違います。身につけたい力が知識なのか、思考力なのか、プレゼンテーション力なのかという大きな分け方にもよりますし、楽しみ方も人それぞれです。

私は、教育課程で即興型ディベートが盛り上がりを見せていることや、世界中でディベートが行なわれている事情を見ると、「多くの人に即興型ディベートを一度はやっていただきたい」と思っています。スポーツとして数年やる必要はありません。

現に、世界大会の優勝者も「初心者から中級者のうちが、汎用的なスキルを身につけるうえでは一番向いているのではないか」と言っています。

第2に、ぜひ「ディベート外」でディベートを活用していただければと思います。

ディベートはその「ドア・オープン力」から、あらゆる局面との「掛け算」に向いています。社会人の基礎スキルとしてのプレゼンテーションやロジカルシンキング力、リサーチ力、ファシリテーション力等との掛け算、管理職向けの意思決定力との掛け算、社会課題（ＳＤＧｓ）や法律、経済学、財政学等の専門科目との掛け算、英語教育や日本語教育をはじめとした言語教育との掛け算など、実社会でも非常に役に立ちます。

「これってディベートで行なったことが役に立たないかな」とぜひ、日々の業務や生活で問いかけてみてください。

第3に、ディベート自体が面白いと思ったあなたは、ぜひディベートをライフスタイルとして続けてみてください。思いつかないアイデアにふれる、短い時間で戦うという緊張感やスリル、チームと一緒につくっていくチャレンジ……。ディベートにはまさに、「スポーツ」としての魅力があります。

私は、いつかディベートをeスポーツ、さらにはオリンピック競技にまで昇華できないかと思っています。

最初に申し上げましたが、皆さんは実はディベートをしたことがあります。

さらに言えば、この本をお読みになっていただけたということは、すでに「ディベート経験者」と言ってもいいでしょう。

ぜひ、今日から一緒にディベートができれば嬉しいです。何かあればいつでもご相談に乗りますのでご連絡ください（メールアドレス：debate.text@gmail.com）。

参考資料1 ▼ テーマ別の議題集

【身近／日常／恋愛に関するテーマ】

- しずかちゃんはのび太君と出木杉君のどちらと結婚すべきか？（賛成側はのび太君、反対側は出木杉君）
- ドラえもんは22世紀に帰るべきだ
- 桃太郎は正義の味方である
- 住むのであれば、田舎よりも都市部のほうがいい
- 主食は、パンより米のほうがいい
- ペットとして飼うのであれば、犬よりも猫がいい
- ペットを飼うならばロボットのペットのほうがいい
- 遊びに行くならば、水族館より遊園地のほうがいい
- 夏休みは海ではなく山に行くほうがいい
- ＳＮＳの「既読スルー」（メッセージを読んだものの、返信しないこと）はありだ
- 動画サイトよりもテレビのほうがいい
- ドラマやアニメの1シーズンの長さは3カ月ではなく6カ月のほうがいい（賛成側は6カ月派、反対側は3カ月派）
- 1回でもドラッグを使用した芸能人は永久追放されるべきである

参考資料

- 付き合うのであれば、付き合った回数が多い人よりも、初めて付き合う人のほうがいい
- 付き合うのであれば、「二次元」よりも「三次元」のほうがいい
- 付き合うのであれば、「草食系」よりも「肉食系」のほうがいい
- 「一目ぼれ」で付き合うべきではない
- 告白するのであれば、対面で行なうべきだ
- 近距離恋愛よりも遠距離恋愛のほうが望ましい
- 同じコミュニティ内（サークル、部署等）の恋愛を禁止すべきだ
- 結婚式は豪華に行なうほうがいい
- 結婚式は行なわないほうがいい
- 旅行に行くのであれば、パックツアーがいい

【学校／教育に関するテーマ】

- 小学生にとって、給食よりもお弁当のほうがいい
- 先生の給料は生徒の学力と比例させるべきだ
- 生徒は先生を選べるようにする
- 学校で制服を廃止する
- 通うのであれば、男女別学より共学がいい
- 義務教育で飛び級制を導入する
- 子どもにとって携帯電話（スマートフォン）は利益よりも害のほうが大きい

・ＰＴＡを廃止する
・小中学校における部活動を廃止する
・小中学校で、英語教育を積極的に行なう
・高校生はアルバイトをすべきだ
・高校でボランティアの授業を義務化する
・高校生の修学旅行は国内ではなく海外に行くべきだ
・外国語の授業は外国語で行なうべきだ
・大学の在学中に、すべての学生は海外留学すべきだ（ただし、留学の期間は半年以上とする）
・義務教育において先生は「成果が出ない努力は無駄である」と強調すべきだ
・大学生は一人暮らしではなく、実家暮らしのほうがよい
・大学在学中に起業すべきだ

【社会人に関するテーマ】

・ライフスタイルとして、結婚するよりも独身のほうがいい
・新卒で就職するならば大企業よりもベンチャー企業のほうがいい
・縦型洗濯機よりもドラム式洗濯機のほうがいい
・社会人になる前に自動車免許を取るべきだ
・日本型雇用（長期雇用、年功序列）はメリットよりもデメリットのほうが大きい
・令和の時代に年賀状は送るべきではない

- あなたは子をもつ親だ。あなたはミュージシャンの夢を追い続けた結果、現在も貧しい生活を送っている。あるとき、子どもが大学に行かずミュージシャンになりたいと言い出した。それは許すべきではない
- 企業は身だしなみ（髪の色や長さ、化粧、ハイヒール等）のマナーを押しつけるべきではない
- オフライン飲み会よりもオンライン飲み会のほうがいい

【企業に関するテーマ】

- 社内共用語を英語とする
- 週休3日制を導入する
- 副業禁止規定を廃止する
- 月に一定期間完全リモートワークデーを導入する
- 大企業の役員に女性枠を導入する
- 部署内の人事成績（ハラスメント数やエクスペリエンスのアンケート等）に応じて管理職のボーナスを増減する
- すべての企業において、（性別等問わず）全員が育休を導入すべきだ（ただし、給料は企業負担に加えて政府の補助金も一部導入されるものとする）
- 日本は、新卒一括採用を禁止する
- 定年制を廃止する

【SF/哲学に関するテーマ】

- 地球に巨大隕石が衝突することが発覚した。国際社会が最善を尽くした結果、人類の唯一の生存方法としてシェルターを開発したが、生存可能な人数は限定的である。国際社会は生存する人類を、個人の能力や専門性を考慮せず、くじ引きにより決定する
- 不老不死の技術に関する一切の研究開発を廃止する
- (技術が発達したとしたら)全員が嘘をつける世界のほうが、今の世界よりも望ましい
- 超能力をもつ人が生まれたとしたら、その人は完全に政府のコントロール下に置かれるべきだ
- 社会の全体最適化に向けてプログラミングされたAIが、個人の意思決定をすべて行なう世界が今の世界より望ましい(例 就職先、結婚相手等)
- すべての行動を監視できる技術が開発されたと仮定し、政府により市民全員の活動が監視され、善行が報われ悪行が罰される世界のほうが今の世界よりも望ましい
- あなたの親と配偶者が不治の病におかされた。手術費は高額でどちらか1人しか助けることができず、他の方法もない。あなたは配偶者ではなく、親を助ける
- あなたは時速100㎞のスピードで走っている車を運転しているが、ブレーキが壊れていることに気づいた。前方には5人の人がいて、このまま直進すれば間違いなく5人とも亡くなる。横道にそれれば1人の労働者が巻き添えになる。この場合、横道にそれるべきである

【社会課題/SDGs(国内)に関するテーマ】

- コンビニの24時間営業を廃止すべきだ

参考資料

- 肉の消費に課税する
- 家庭からのゴミ出しを有料化すべきだ（リサイクルできるものはゴミとは呼ばないものとする。また、ゴミの量に応じて課金するとする）
- プラスチック製品に課金する
- ドギーバッグ制を導入する
- インターネットの匿名の書き込みを禁止する
- タバコの製造・販売を禁止する
- 飲み放題を禁止する
- あらゆる動物実験を廃止する
- 動物園を廃止する
- すべての学術機関（大学等）の管理職に女性枠を導入する
- 選挙の棄権に罰則を設けるべきだ
- 救急車の利用を有料化する
- 今後、政府による一切の企業救済を行なわない
- あなたの上司は、「女性は家にいるべき」「女性は、女子力を発揮すべき（例：居酒屋での食事のとりわけ等）」と発言する男性である。仕事ができる上司と現在実施している大きなプロジェクトは半年が経過し極めて順調に進んでおりあなたも高い評価を受けているが、プロジェクトの完成にはまだ半年ほどはかかる予定である。リベラルであるあなたは今の業務を続けたいと思っているが、上司の発言はエスカレートし、頻度が増え、最近特に強い嫌悪感を覚えるようになった。

しかし、他のプロジェクトメンバーは特に問題だと感じていないようである。あなたは、その上司がそのような発言をしないように、起きていることを人事部に掛け合い上司に公の罰（謹慎などの仕事に影響があることを前提とする）を与えるように動くべきである

- 政治家は、違法でなく職務上の利害関係もない異性との関係によって辞職する必要はない
- すべてのヘイト・スピーチを禁止する
- 優先席は利益よりも害のほうが大きい

【社会課題／SDGs（グローバル）に関するテーマ】

- NGOは、気候変動対策よりも貧困対策を優先すべきだ
- 新興国において、環境税を廃止する
- 新興国において、水道事業を民営化する
- 新興国は、先進国と同じ基準で二酸化炭素の排出規制に取り組むべきだ
- 先進国は、新興国からの技能移民を受け入れるべきではない
- グローバルで一切の火力発電を禁止する
- 地方から都市への人口集中は望ましい
- すべてのODAは対象国の人権・環境の改善を条件とする
- 全世界において、難民が起こした犯罪に関する報道を禁止する
- 深刻な環境汚染を引き起こした企業のトップを裁く国際裁判所を設置し、刑事罰を科す
- グローバルで代理母を禁止する

参考資料

- 「エッセンシャル・ワーカー」のストライキ権を全面的に認めるべきだ
- 「強いAI」に関する一切の研究開発を禁止する
- テロ組織とは一切の交渉を行なわない
- 司法における「予測アルゴリズム（Predictive Algorithms）」の使用を禁止する
- 司法取引制度を廃止する
- 将来の世代の対策よりも、今の世代の対策を優先すべきだ
- スポーツの国際大会の代表チームは必ず民族的少数派を含むことを条件とする
- 高齢化が深刻な国において、高齢の親との同居を義務化する
- 社会運動が社会変革を実現するためには議会よりも裁判が望ましい
- 相続税は100％にすべきだ
- グローバルの自由貿易は利益が害よりも大きい
- WTOよりも、地域のEPA／FTAのほうが望ましい
- 経済発展のために、カジノ特区を導入すべきだ
- シェアリング・エコノミー（ライドシェア、民泊等）の規制を大幅緩和すべきだ
- 新興国の一切の負債を免除する
- 国連のP5（常任理事国）による拒否権を廃止する
- アメリカは銃の販売・所持を禁止すべきだ
- 義務教育で宿題を廃止する
- あらゆる国はGDPのような経済指標ではなく、幸福度合いを主要指標とすべきだ

参考資料2▼

即興型ディベートをさらに学ぶために

【日本語／英語共通の即興型ディベート教材／発信】

加藤彰のnote：https://note.com/akirakato

ディベート自由帳：http://debatejiyucho.blogspot.com/

【日本語即興型ディベート教材／大会・セミナー運営】

CDS：http://cds-pj.com/

【英語即興型ディベート教材／大会・セミナー運営】

JPDU：http://www.jpdu.org/

HPDU：https://www.hpdu.jp/

HEnDA：http://henda.global/

PDA：https://pdpda.org/

【即興型ディベートに関連する参考文献／参考資料】

- 一般社団法人日本高校生パーラメンタリーディベート連盟　オンライン講座「授業で教える英語

参考資料

ディベート」（YouTube動画／教材。ＨＰＤＵ公式サイトからダウンロード可能）

- 井上奈良彦、蓮見二郎、諏訪昭宏編『ディベート教育の展望』
- 北原隆志「授業で行うShort Debate」（HPDU公式サイトからダウンロード可能））
- 九州大学「ＳＤＧｓを促進したアジア屈指の英語ディベート大会『Kyushu Debate Open 2019』を九州大学で開催」https://www.kyushu-u.ac.jp/ja/topics/view/1529
- 小林良裕『高校生のための初めての英語ディベート 改訂版』（ＨＰＤＵ公式サイトからダウンロードおよび製本されたものはAmazonより購入可能）
- 小林良裕『初めての英語パーラメンタリーディベート（即興型英語ディベート）』（ＨＰＤＵ公式サイトからダウンロードおよび製本されたものはAmazonより購入可能）
- 中川智皓『授業でできる即興型英語ディベート』（ＰＤＡ）
- Aitem「Aitemのレッスンが東大英語ディベート部顧問の方に絶賛された件」https://aitem-english.jp/aitem-todai-debate
- Astana Debate Union "Sharmila Parmanand：How to CA major competition?" https://medium.com/@debate.astana/sharmila-parmanand-how-to-ca-major-competition-680ead163537
- Chengdu Foreign Languages School Debate Club "An interview with Loke Wing Fatt" https://chengdudebate.wordpress.com/2011/09/10/an-interview-with-loke-wing-fatt/

- Kyushu Debate Open
https://kyushudebateopen.jimdofree.com/
- Lewis Wiu "Words that Win – How to win the debates that matter"
- Simon Quinn "Debating"

【調査型ディベートに関連する参考文献／参考資料】

- 神尾雄一郎『直前30日で9割仕上がる神尾雄一郎のプレゼンテーション・ディベート』（KADOKAWA）
- 菊池省三、池亀葉子、NPO法人グラスルーツ『「話し合い力」を育てるコミュニケーションゲーム62』（中村堂）
- 菊池省三、菊池道場『個の確立した集団を育てる　学級ディベート』（中村堂）
- 中川智皓、山内克哉、新谷篤彦「パーラメンタリーディベート（即興型英語ディベート）における議論の整理と評価の一考察」
- 西部直樹『スーパー・ラーニング　はじめてのディベート　聴く・話す・考える力を身につける』（あさ出版）
- 全日本ディベート連盟（久保健治、関真一郎、天白達也）『ディベートワークブック　練習問題で学ぶ・はじめてのディベート』（全日本ディベート連盟）

参考資料

【その他参考文献／参考資料】

- 中井俊樹『シリーズ　大学の教授法3 アクティブラーニング』（玉川大学出版部）
- グロービス『ファシリテーションの教科書』（東洋経済新報社）
- ハーバード・ビジネス・レビュー編集部『コミュニケーションの教科書』（ダイヤモンド社）

【即興型ディベートに関するセミナー／学会発表】

- International Society for Teaching Debate, Kyushu University Faculty of Languages & Culture： 1st & 2nd International Conference on Parliamentary Debate Education（2018、2019年）
- ディベート教育国際研究会主催、九州大学言語文化研究院、日本ディベート協会九州支部共催　第3回―第6回ディベート教育国際研究会大会（2017―2020年）
- 九州大学アジア・オセアニア研究教育機構・文化変動クラスター、九州大学大学院統合新領域学府ライブラリーサイエンス専攻主催シンポジウム 情報ガバナンスと文理融合教育の課題

【即興型ディベートに関するワークショップ】

- 綾部功氏　2010年JPDU夏セミナー講義 "Reply Speech"
- 大庭大氏　2010年JPDU春セミナー講義 "How to Make A Killer Argument 2"
- 奥田恒氏（2006年ICU Debating Society部長等） 2008年夏セミナー講義 "Principle"、2010年JPDU春セミナー講義 "Lecture for Preparation"

●並木大氏　2008年JPDU夏セミナー講義「ヤングマンのリプライレクチャー　～終わりよければすべてよし～」
●野内光二氏　2008年JPDU夏セミナー講義"Adjudication- Know, How and Do"
●濱口誠一氏　2008年JPDU夏セミナー講義「Strategy」

即興型ディベートを推進している国内団体／メディア

即興型ディベートの普及を目的とした主な団体・メディア

（抜粋・順不同）

一般社団法人日本英語交流連盟（ESUJ）
学生・社会人×英語／1998年設立

English Speaking Unionと連携。大学対抗大会を計20回開催。社会人対象の練習会も運営

日本パーラメンタリーディベート連盟（JPDU）
学生×英語／1999年設立

学生団体46団体が加盟。年３回の全国大会、年２回の全国セミナーを開催

一般社団法人全国高校英語ディベート連盟（HEnDA）
高校生×英語／2005年設立

高校生世界大会の日本代表の選考・育成・大会派遣
全国大会開催等を通じ高校英語ディベート活動発展に寄与

ディベート教育国際研究会（ISTD）
全般×日本語・英語／2015年設立

すべてのディベートスタイルを対象に、日本で唯一ディベート教育に特化した学会

一般社団法人パーラメンタリーディベート人財育成協会（PDA）
中高生×英語／2014年設立

「授業でできるディベート」をコンセプトに文科省助成事業に採択され、世界交流大会も開催

一般社団法人日本高校生パーラメンタリーディベート連盟（HPDU）
中高生×英語／2010年設立

中高生を対象とした練習会や全国大会を開催。主に関東の中高教員・卒業生により運営

Co-Create The New Debate Style（CDS）
学生×日本語／2017年設立

議論文化普及のために日本語即興型ディベートを１つのジャンルとして確立するためのプロジェクト

ディベート自由帳
全般×日本語・英語／2012年設立

即興型ディベートのノウハウの情報発信に特化したブログとしては国内アクセス数No.1

即興型ディベート経験者の声

”仕事で、シンプルに本質的な内容を伝えることが必須となっています。基本原理を明確にし、それに基づいて意思決定の理由を伝達するプロセスはディベートとよく似ています。“

井戸 翔太さん（東京大学在学中、英語ディベート部部長、および日本パーラメンタリーディベート連盟代表に就任。シカゴ大学経営大学院を経て、現Adobe, Inc.にてプロダクトマネジャー）

”会社員をやめ起業したり、シンガポールでベンチャーの立ち上げに参加するなど、いろいろ挑戦してきましたが、ゼロからアイデアを形にする思考力がとても役に立っています。“

小野 暢思さん（ポニーキャニオン、Netflixを経て合同会社Tokyo Debate Academy代表。2015年大学生世界大会ESL部門ベスト8）

”ディベートの教育効果は、さまざまな議題に対する知識・教養を深めることへの動機づけとなります。同時に、世界へ挑戦しようとする動機づけにもなると確信しています。“

即興型ディベート経験者の声

河野 周さん（中学・高校 英語科教諭。元シドニー大学ディベート部2020年高校生世界大会 日本代表ヘッドコーチ）

①英語で話す力、②論理的思考力、③幅広い知識、④プレゼンテーション力、⑤コミュニケーション力の5つの力が少しでも鍛えられることは、研究活動においても有意義です。

中川 智皓さん（一般社団法人パーラメンタリーディベート人財育成協会 代表理事）

生徒には、「こう言えば勝てる」というディベート専門の知識も必要だが、話をよく聞き、それに応える能力を培うことこそが、ディベートの練習から学べることだと話しています。

小林 良裕さん（豊島岡女子学園中学高等学校教諭。一般社団法人日本高校生パーラメンタリーディベート連盟 理事）

ディベートで構成の組み方の基礎を習い、論理的に自分の主張を説明する訓練を経験できたのは、さまざまな場面で非常に役に立っていると感じています。

Bさん（国家公務員。大学時代に即興型ディベートを経験。全国大会優勝、国際大会優勝等）

”
世界・社会の大局をつかみ、個別の問題・論点を整理し、その解決策を考え、クライアントを説得し動かす、このすべてにディベートの力がそのまま役立っています。
Cさん（北東アジア大会準優勝、外資系経営コンサルティング会社管理職）
“

”
ディベートはグローバル・リーダーになるうえで必要なソフトスキルの、リサーチ力、読む力、書く力、話す力を身につける絶好の教育機会です。
ジョシュア・パークさん（ハーバード大学卒、現韓国・SolBridge International School of Business副学部長。高校生の世界大会の審査委員長等）
“

”
感情に訴えつつも批判的に見る、根本的な問いに答えつつも取捨選択するなど、ディベートを通じて得ることができるスキルは、幅広い意思決定の局面で役立つと思います。
ブライアン・ウォングさん（オックスフォード大学、高校生大会中国代表コーチ、Oxford Political Review Editor-in-Chief等執筆活動も多く手掛ける）
“

”
ディベートで培った社会課題という複雑な事象をシンプルに説明するというスキルは、

即興型ディベート経験者の声

大きな財産になりました。

リー・チン・ウィーさん（13歳のときにシンガポールの中学校で即興型ディベートを開始、その後オックスフォード大学に進学し、２０２０年の世界大会優勝・最優秀個人賞）

ディベートのおかげで自分の殻を破り、他者に理解を示し、共感することの重要性を身に染みて知ることになりました。

バヌーン・サブリさん（マレーシアの全国大会個人最優秀賞等）

ディベートを通じて中国だけではなく欧米の考え方にも触れることができました。

ジャーシン・リさん（北東アジア大会優勝・最優秀個人賞、リスクアドバイザリー業界勤務）

ディベートの、むずかしいアイデアの本質を突き、誰にでもわかるように伝えるスキルは、教育者や生徒が見逃してはいけないものだと思います。

サンディープ・チュラニさん（政治／金融コンサルタントを経験し現在、博士課程の学生。香港で多くのコーチ／教育に従事）

著者紹介

加藤　彰（かとう・あきら）

九州大学大学院言語文化研究院学術研究者、跡見学園女子大学兼任講師、ディベート教育国際研究会役員、一般社団法人全国英語ディベート連盟国際委員会アドバイザー。

東京大学法学部、東京大学公共政策大学院卒。在学時から即興型ディベートを始める。東京大学英語ディベート部元代表、現卒業会顧問。大学生全国大会優勝、審査委員長、アジア大会日本人記録保持者。外務省・文科省後援で世界初のSDGsにコミットする国際大会Kyushu Debate Open設立メンバー兼審査委員長。大学生北東アジア大会審査委員長、日本人初となる高校生世界大会招聘審査員。

東大を中心に多数のコーチ実績に加え、日本の20以上の大学・高校や、企業向けに日本語・英語でディベート講演経験あり。国際学会発表多数。

経営コンサルティング企業マネジャー。

note　https://note.com/akirakato

スーパー・ラーニング
即興型《そっきょうがた》ディベートの教科書《きょうかしょ》
東大《とうだい》で培《つちか》った"瞬時《しゅんじ》に考《かんが》えて伝《つた》えるテクニック"
〈検印省略〉

2020年　9　月　26　日　第　1　刷発行

著　者――加藤　彰（かとう・あきら）
発行者――佐藤　和夫

発行所――株式会社あさ出版
〒171-0022　東京都豊島区南池袋 2-9-9 第一池袋ホワイトビル 6F
電　話　03（3983）3225（販売）
　　　　03（3983）3227（編集）
F A X　03（3983）3226
U R L　http://www.asa21.com/
E-mail　info@asa21.com
振　替　00160-1-720619

印刷・製本　神谷印刷（株）

facebook　http://www.facebook.com/asapublishing
twitter　http://twitter.com/asapublishing

ISBN978-4-86667-241-0 C2034